湛庐CHEERS

与最聪明的人共同进化

HERE COMES EVERYBODY

经纪人阿伦·古德温（左）为詹姆斯拿下了耐克和可口可乐两份巨额合同。这是两人2003年在洛杉矶论坛球馆为耐克拍摄广告前拍的一张合影。

詹姆斯和马弗里克·卡特从小就认识。两人的友情建立在信任、忠诚以及最大程度利用机会的欲望之上。他们共同失败过，也共同成功过。这是两人2016年在多伦多全明星周末期间的合影。

自称“四骑士”的詹姆斯及其密友在拍照时摆出相同手势，以示忠诚。只有少数人能进入这个小圈子，威廉·韦斯利就是其中之一（詹姆斯身后左侧），正是他把说唱歌手Jay-Z引荐给詹姆斯的。2007年，Jay-Z在拉斯维加斯的40/40俱乐部开业时，詹姆斯、卡特、里奇·保罗和韦斯利为了帮Jay-Z庆祝，拍摄了这张合照。

保罗·瓦赫特（右）十多年来在詹姆斯的圈子中扮演了交易大师和人脉中间人的角色。他和卡特（左）一起，为詹姆斯敲定了总价数亿美元的合约。

自2006年起，詹姆斯就与巴菲特保持着良好关系。巴菲特去现场看过詹姆斯的几场比赛，其中包括图中这场2014年的比赛，以示对朋友的支持。

传奇音乐制作人吉米·艾文（左）和詹姆斯是多年的合作伙伴。这是他们庆祝第一个合作项目时的合影。2009年推出纪录片《不只是一场比赛》的原声带时，两人与同样为专辑出过力的玛丽·J.布莱奇（Mary J. Blige）合影。

对詹姆斯和他的合作伙伴来说，2008年北京奥运会是一个极为重要的市场营销机会。带领“救赎之队”夺得奥运金牌是詹姆斯职业生涯的亮点之一，这也帮助他在中国为自己的品牌奠定了根基。

2008年北京奥运会期间给队友送Beats耳机是个绝妙的计划。球员们戴着耳机出现在各个角落，这个营销手段不仅帮助詹姆斯的公司成功起步，还让这些大号耳机成为时尚标配，而这一切几乎没有成本。

2010年的《决定》节目是著名体育主持人吉姆·格雷发起的，他主动联系卡特，提出了这个计划。这是在节目直播前拍摄的一张照片，格雷正在和詹姆斯沟通设计好的问题。回答完这些问题后，詹姆斯就会宣布自己的去向。

2010年12月2日，詹姆斯重回克利夫兰参加的第一场比赛，这也是他人生中压力最大的比赛之一。不过只要卡特坐在场边，詹姆斯的心态就总能更加平静。就像这场比赛，他需要卡特坐在场边。

詹姆斯与克里斯·保罗（Chris Paul）是多年的好友。这是2009年在詹姆斯的家乡俄亥俄州阿克伦市，两人完成詹姆斯主办的骑行马拉松时拍摄的合影。这些活动是詹姆斯的基金会改变数千名孩子命运的开端。

从青少年时期开始，在海外宣传自己的品牌就是詹姆斯和他的合作伙伴关注的焦点。2011年，他在伦敦参加耐克活动时展现了自己的篮球技术。

2011年，詹姆斯和芬威体育集团达成了一份具有革命性意义的协议，这使得他成为英超豪门利物浦足球俱乐部的小股东。那年秋天，他参观了利物浦历史悠久的安菲尔德球场。

詹姆斯在2018年选择前往洛杉矶的原因之一，是为了更接近传媒行业的中心。这张照片拍摄于詹姆斯加入湖人队后的比赛现场，马弗里克·卡特和吉米·艾文正在交流，他们对未来在内容方面的业务制订了宏大的计划。

詹姆斯与耐克的合同使得他每年都会造访中国。这些年来，随着名气越来越大，他开始前往中国各地，举办训练营、与粉丝见面并合影。这张照片拍摄于2017年，他在北京的一家耐克门店外与数千名球迷自拍。

LEBRON, INC.

[德] 布赖恩·文霍斯特 著
Brian Windhorst
傅婧瑛 译

勒布朗·詹姆斯的商业帝国

SPM
南方出版传媒
广东经济出版社
·广州·

从本质上讲，

职业篮球队和普通的高中篮球队并没有多少区别。

球员们会争夺上场时间、投球次数以及在球队中的地位；

友情、团队合作和胜利带来了许多美好时光；

有人喜欢教练，有人痛恨教练。

然而，有一样东西将 NBA 和世界上其他联赛区别开来，

那就是金钱。

推荐序

商人勒布朗·詹姆斯

黎双富
懒熊体育联合创始人兼总裁

4 年驻美跟队无数次采访勒布朗·詹姆斯（LeBron James），编译出版过一本他的夺冠传记，关于他累计超百万的码字量，再加上过去 6 年在懒熊体育创业后的管理经历，我至今依然说不清楚，贫民窟出身的詹姆斯，到底是从哪里获得“布局”灵感，他的前瞻眼光又来自哪里。

在我看来，这个“布局”是詹姆斯一生中最明智、最重大的决定。“决定”去“南海滩”、“写信”回家、“传真”到好莱坞，都不能与“布局”相提并论。

他，勒布朗·詹姆斯，让兰迪·米姆斯（Randy

Mims）贴身打理身边事，让马弗里克·卡特（Maverick Carter）去耐克学习体育营销，让里奇·保罗（Rich Paul）师从顶级经纪人里昂·罗斯（Leon Rose）——就是这个人事布局，几乎成就了詹姆斯后来的一切。这 4 人名字的首字母组成了 LRMR，这家营销公司目前可能已是 NBA 最有权势的公司。

我依稀记得，10 年前写另外三人（米姆斯、卡特和保罗）的报道时，曾被同行质疑：不就是一帮跟班吗，用不着这么抬举他们。

有这种反应太正常。所有明星运动员身边总会有这样一群亲朋跟班，这些跟班常常会给外界留下负面印象。NBA 最具代表性的例子便是阿伦·艾弗森（Allen Iverson），他的职业生涯中单薪资收入就超过 1.5 亿美元，但因为他的过于大方和朋友们的挥霍，艾弗森退役没多久就近乎破产。

詹姆斯单亲家庭出身，和米姆斯、卡特、保罗并无亲属关系，米姆斯是詹姆斯母亲的男友之友，卡特是詹姆斯的高中师兄，保罗只是詹姆斯在机场偶遇的球衣卖家。这种组合搭档，并非专业能力互补的“某某之队”，即便放到现在这个时代，也难说有多少成功的把握。

但他们就是成功了，幕后推手可能是耐克。当初为了和詹姆斯建立私人关系，耐克高管迅速发现了詹姆斯身边的卡特，于是向卡特提供了一份在总部的实习工作。要知道，耐克一般都是从哈佛商学院或斯坦福大学这样的名校招揽实习生，他们向卡特抛出橄榄枝，核心目的还是拉拢詹姆斯。詹姆斯当时还在读高中，他第一次意识到自己能给朋友们带来什么机会。

这看似平常的案例里有两个重要信息：对于 17 岁的詹姆斯来说，这是“授人以鱼不如授之以渔”，是赋能的力量，这个方法后来同样被詹姆斯用到了保罗身上；对于 20 岁的卡特来说，这是“珍惜来之不易的机会”，是武装自我，借平台提升综合能力，匹配詹姆斯的球场实力。

正是这种前瞻眼光和“布局”天赋，才让詹姆斯有了拒绝锐步 1 000 万美元签名费和上亿美元球鞋代言合同报价的底气。詹姆斯转而选择了总价比锐步低数千万美元的耐克，而终极原因，就是他看重耐克在全球更强大的营销包装能力，更何况还有他的儿时偶像迈克尔·乔丹的案例在先。舍小放大，将来成就更好的个人品牌。

个人品牌正是詹姆斯商业帝国的核心。

明星运动员的一个发展瓶颈是容易被所在项目或赛道限制，通俗来说就是“不出圈”，在专业领域是顶级，一旦跨到体育圈之外，认知度可能就会很低。LRMR 意识到这一点是在 2007 年夏天。詹姆斯职业生涯第四个赛季就带领骑士队打进总决赛，但詹姆斯他们发现，在体育圈之外，大众对詹姆斯并无感知，而2008年北京奥运会将是向世界推广“詹姆斯”品牌的绝佳契机。

所以，在那两年，詹姆斯先后登上了*GQ*、*Vogue*、《财富》和《男性健康》（*Men's Health*）等知名跨界杂志的封面，登上了美国老牌电视节目《60分钟》（*60 Minutes*），推出了一部纪录片《不只是一场比赛》（*More Than a Game*）并在院线播出，甚至还推出了面向企业的“勒布朗峰会”……

“商人”勒布朗·詹姆斯的形象开始跃然纸上。

2008年，北京五棵松夺金是詹姆斯篮球生涯的高光时刻，而在场外，他代言入股的Beats耳机也成为爆款潮品——詹姆斯主要做的，是给“梦之队”的每个队友送上耳机礼品，通过北京奥运会的超高媒体关注度，队友们成为行走的广告牌，而这个主意最初来自卡特。2014年初，当苹果以30亿美元收购Beats时，詹姆斯的收入超过5 000万美元。

后来，一般球星做代言要收取巨额费用，而詹姆斯可以收取数额不那么大的费用甚至自己掏钱，但他坚持要股份，为此甚至愿意放弃大品牌的现金，例如果断推掉麦当劳4年1 500万美元的续约合同，和有潜力的新品牌合作——2012年与比萨品牌烈焰（Blaze）的合作就是这个模式，烈焰如今已成为独角兽公司，詹姆斯所持股份估值已经有上亿美元。

这些决策让詹姆斯提前实现了自己的财富目标——成为第一个身家过 10 亿美元的现役运动员。

2009 年初，詹姆斯敏锐地发现了社交媒体的价值，他是最早深度运营个人账号的运动员之一。“专业球员”“慈父”“公益大使”“民权英雄”，詹姆斯的标签十分鲜明。目前仅在 Twitter 和 Instagram 两个平台，詹姆斯的累计粉丝数就有 1 亿左右，影响力已远超一般媒体。当 NBA 球员争执是否要在疫情下复赛时，有球员之所以会说“先听听詹姆斯怎么定”，这就是原因所在。詹姆斯本身已成为一个大体量且有影响力的媒体。

在“詹姆斯”这个品牌之上，球场竞技、媒体内容、球员经纪已成为三架高度协同的马车，站在高处指挥的詹姆斯，牢牢控制着价值链，看伙伴们风驰电掣。

商场之外，詹姆斯在体育圈已成为和拳王阿里一样的民权领袖。他为弱势群体发声，积极参与社会议题讨论，亲身参与推动变革。在这一点上，詹姆斯的成就已经超过其偶像迈克尔·乔丹。

詹姆斯没有犯过错吗？当然有，职业生涯早年办门票几百美元的廉价派对来赚外快、LRMR 仓促且冒失地做经纪业务却惨遭失利、2008 年备受争议的 *Vogue* 封面、2010 年的电视直播《决定》(*The Decision*)、2013 年投资的 Sheets 能量薄片公司（Sheets Energy Strips）最终关门、二进骑士队期间逼管理层给他“旗下”球星溢价续约等，都有很多值得詹姆斯团队反思的地方，也都成为他们成长的注脚。

当你拿到这本由我的好友文霍斯特书写、我在懒熊体育的前同事傅婧瑛翻译的好书时，詹姆斯已经年满 36 岁，对男人而言，这是一个重要的年纪。在这个赛季开始前，当他不再隐忍，公开回应前队友凯里·欧文（Kyrie Irving）的质疑时；当他不再忌惮，坦诚地说出耐克没有同意推出“詹姆斯”品牌时；当他在洛杉矶 405 公路上开着跑车向路人比出“666”的手势时，他已然进入一种不惑的状态，这是对他坚持长期主义行事的必然回报。

高瓴资本创始人张磊在《价值》[①] 一书中写道，在长期主义之路上，与伟大格局观者同行，“做时间的朋友”。于我而言，有幸见证了同龄的詹姆斯从 0 到 1 再到 N，一直在学习和借鉴，相信这本书也可以给你同样的启发。

① 这本书第一次系统地阐述了张磊对投资和商业的全方位思考，第一次全面剖析了高瓴的投资体系和创新框架，也第一次倾情分享了张磊对工作和生活的个人体悟。该书中文简体字版已由湛庐策划，浙江教育出版社于 2020 年出版。——编者注

目 录

第三部分　股权投资

测一测　　你对勒布朗·詹姆斯的商业发展知多少？

1. 从某种程度上说，詹姆斯的商业生涯是从下面哪个事件开始的？（　　）

A. 投资 Beats 耳机，收入超过 5 000 万美元

B. 为可口可乐代言，获得了超过 4 000 万美元的收入

C. 18 岁，拒绝了锐步开出的 1 亿美元协议，签约耐克，合约费为 7 年 8 700 万美元

2. 为了进入传媒行业，詹姆斯和友人合作创立了哪家公司？（　　）

A. 创新艺人经纪公司　　B. 斯普林希尔制片公司

C. LRMR，一家运动员营销公司

3. 詹姆斯在股权投资中确定的第一笔大生意是（　　）

A. 与华纳兄弟签订全方位协议

B. 投资坎农戴尔，收益达到了 7 位数

C. 成为 Beats 股东，把队友变成行走的广告牌

4. 下列哪个事件使詹姆斯的财富从 9 位数增长为 10 位数？（　　）

A. 创建媒体平台“不被打断”网站

B. 投资影片《不只是一场比赛》

C. 启动最具雄心的项目《空中大灌篮 2》

5. 詹姆斯在选择合作公司时，除了看重有可能获得的极高回报，更看重什么？（　　）

A. 合同报价　　B. 公司的声望

C. 极具价值潜力的股份

测一测，你对勒布朗·詹姆斯的商业发展知多少？
扫码获取测试题答案。

序　言

18 岁，拒绝 1 亿美元的协议

这些年来人们总是问我，勒布朗·詹姆斯最让人印象深刻的特质是什么。这是一个很有难度的问题，我在很长一段时间里都不知道该怎么回答。最终，我得到了一个答案，一个具有启示意义的答案。

跻身最伟大球员行列的重要因素

我第一次和詹姆斯见面是在 1999 年，那时他只有 14 岁，还是个孩子，有点儿娃娃脸，却有着一副谁都能看出会长成大块头的身形。他有一双大脚和两条长腿，脸上还没有长出胡子。据当时的队友、如今成为他密友之一的马弗里克·卡特回忆，那年秋天，当詹姆斯以高一新生的身份进入圣文森特－圣玛丽高中（St. Vincent-St. Mary）时，身高才勉强达到 1.83 米。我印象中的詹姆斯会更高一些。不过我们俩对另一个话题没有异议，那就是第二年春天，身高接近 1.93 米的詹姆斯参加了州锦标赛，在满场的观众面前进行了精彩的表演。

詹姆斯的身材显然让很多第一次见到他的人备感震惊，特别是在他还没有闻名全美、天天出现在电视上时。毫无疑问，身材确实是詹姆斯最让人印象深刻的特质之一。在詹姆斯的 NBA 职业生涯里，他的身高达到 2.03 米，体重约 127 公斤。即便和众多顶尖运动员站在一起，这样的身材也称得上非同寻常了。詹姆斯 17 岁时合作的第一个力量教练告诉我，他从没见过哪一个练举重的青少年拥有像詹姆斯一样快的肌肉增长速度。刚进入 NBA 时，詹姆斯的体重就已经有约 109 公斤了，这让他不仅能在联赛中站稳脚跟，还能在每场比赛中压制对方的成年球员。

在 2006 年的一场季后赛里，詹姆斯扭伤了脚踝，他不得不在训练室里接受了一个多小时的治疗。外界担心他可能会因伤缺席克利夫兰骑士队的下一场比赛。我问他的队友拉里·休斯（Larry Hughes）是否也有此担心，休斯回答："不担心，你见过他的脚踝吗？"如果传闻是真的，那么詹姆斯的脚踝大小和一个普通男子的肩膀相当。效力迈阿密热火队期间，詹姆斯曾为一场季后赛增重了 3 公斤多。体重增长得这么快似乎是件不可能的事，连詹姆斯本人都解释不了这个现象，他只是说自己会在中场休息时吃几个蛋白棒，喝很多水。

让人印象深刻的还有詹姆斯对比赛的感觉。他是极为优秀的传球手，在制造角度传球给队友方面是大师级球员。尽管詹姆斯在生活中是左撇子，但他在球场上主要用右手打球。这让他掌握了其他球员难以企及的双手均衡性，也帮助他成为一名统治级的得分手，拥有篮球史上顶尖的得分能力。

记忆力也是詹姆斯至关重要的工具，不论是短期记忆还是长期记忆，均是如此。2018 年，当一场季后赛结束后，詹姆斯一个球一个球地详细解释了比赛中关键 2 分钟的每一次投球，细节丰富到令参加新闻发布会的记者都忍不住鼓掌。但人们不知道的是，詹姆斯也能这样详细地分析 10 年前的比赛。“有一次我们在周日看美式橄榄球联盟（NFL）的一场比赛，”詹姆斯在迈阿密热火队的队友克里斯·波什（Chris Bosh）回忆道，“他知道每一个球员，而且知道每个球员上的是哪所大学。他是怎么知道一个替补安全卫的母校是科罗拉多州大学的？”

不容忽视的还有詹姆斯的职业精神、速度和耐性，这些都是让他跻身史上最伟大球员行列的重要因素，但这些都不是他最让人印象深刻的地方，至少在我看来不是。

觉察力才是他最重要的特质

在我看来，觉察力才是他最重要的特质。

我从没见过比詹姆斯更敏锐的人，他总是能在比赛中觉察到身边正在发生什么，并提前两三步看到其他人将要做什么。詹姆斯就是知道队友会出现在什么位置，所以无论队友喜欢接垂直下落的球还是水平运行的球，他都能准确地把球传到队友手里。他还能预测对手可能采取的行进方向或者会选择向篮筐的哪一边突破。

2016 年总决赛第 7 场的最后 1 分钟，在封盖安德烈·伊戈达拉（Andre Iguodala）这个堪称詹姆斯职业生涯最重要的一个回合中，詹姆斯的两只手分别伸向了篮筐两边。因为他知道伊戈达拉喜欢反身上篮，而自己则要防守伊戈达拉从任何一个方向抛球。这就是觉察力，不过这件事不是重点。

詹姆斯对身边有什么样的人、自己身处何方具有压倒性的感知。坐在更衣室里看着电视里的比赛时，他能一边预测下一回合的战术，一边回答一个试图诱导他给出特定答案的记者提出的问题，还能知道隔着几个更衣柜的两个队友正在聊什么。这个描述看起来有些夸张，但是这就是现实中的詹姆斯。

这样的觉察力也为詹姆斯在篮球场外的成功奠定了基础。有能力理解陌生事物，并知道如何在相关领域寻求帮助，这些能力都在詹姆斯扩张商业帝国的过程中起到了至关重要的作用。能感知到自己能利用谁、谁又想利用自己，也对詹姆斯的成功起到了巨大作用。这话听起来有些粗俗，可事实就是如此。詹姆斯知道如何利用自身的名气和人气在商业交往中获取优势，这为他带来了丰厚的回报，让他可以在不动自己腰包的情况下，让钱源源不断地流入自己关注的慈善机构。

但这并不意味着他永远正确。和普通人一样，詹姆斯也会犯错，但其大局观和认知能力总能缓和不利影响，并将错误转变为经验教训。

拒绝锐步，不能只看第一张支票

詹姆斯的觉察力，也让他在一个关键时刻做出了正确选择。詹姆斯认为那是自己人生中最重要的时刻之一。那一刻发生在 2003 年 5 月，詹姆斯高中的最后一年，在马萨诸塞州坎顿市的一个会议室里，一个男人拿着一张 1 000 万美元的支票，上面写着詹姆斯的名字。

这么多年过去了，与那次会面有关的一些记忆已经变得有些模糊：詹姆斯说是掌控锐步集团的大佬保罗・费尔曼（Paul Fireman）现场写下了那张支票；但他当时的经纪人则表示，支票被装在银行信封里，早就提前写好了。

但所有人都没有忘记，那个从小到大一无所有的 18 岁少年，选择了拒绝。詹姆斯拒绝的是一份最终总额高达 1 亿美元的协议，是一张可以立刻带回家、第二天早上存进银行的支票。看到那张支票时，詹姆斯想到了几个问题。[锐步高管已经做足了功课，不仅在提出报价时邀请詹姆斯的母亲格洛丽亚·詹姆斯（Gloria James）来到报价现场，而且将支票放到了她的手上。]

手握这张 8 位数的支票时，詹姆斯第一个想到的是他和妈妈在俄亥俄州阿克伦市的那间政府补贴公寓的房租，当时是一个月 17 美元。有一段时间，詹姆斯一家住在山谷中的一套公租房里，那个地方被阿克伦人称为“谷底”。詹姆斯说，住在那里时，他甚至会害怕爬上山顶，因为住在山顶的人往往会躲开来自伊丽莎白公园公租房区的人，因为那里是暴力的温床。小时候，詹姆斯听到过枪声，也看到过被刀捅伤的人。他经常说自己本该成为当地犯罪事件的“统计数据”之一，他不该成为现在的自己，他没理由走出那个地方。伊丽莎白公园里满是涉入犯罪事件统计数据的人。

公租房区上面是一座又长又高的桥，阿克伦人因其延伸到城市两个区域的形状而称之为 Y 大桥，大桥的一端是一座设有精神病区的医院。几十年来，低矮的栅栏在大桥边延伸，人们可以轻松翻过栅栏。和大桥下的伊丽莎白公园一样，这座大桥也有一个绰号：自杀桥。在桥下粗糙地面上玩耍的孩子，有时能看到从大桥上跳下来的人的尸体。

詹姆斯想到的第二件事，是他收到的其他邀请，那是詹姆斯的第一份球鞋合同。几周前，他刚刚宣布自己将进入职业联盟，锐步便率先向他发起冲击，那天放学后，锐步派了一架私人飞机去接他。当时，詹姆斯第二天的行程已经确定，他要前往洛杉矶听取阿迪达斯的报价，接下来的一周还要前往俄勒冈州波特兰市，拜访耐克公司。

锐步希望詹姆斯取消后面的行程，并希望他在那一刻就与锐步签约。在这个预谋好的“震撼冲击”时刻，他们为一名篮球运动员开出了条件最丰厚诱人的合同。

这个想法来自史蒂夫·斯托特（Steve Stoute），他曾是音乐界的高管，打造出了威尔·史密斯（Will Smith）、柯蒂斯·杰克逊（Curtis Jackson，他更为人所熟知的名字是 50 Cent）和 Nas 等众多知名歌手。斯托特当时为锐步工作，他敦促费尔曼效仿自己当初签下家境贫困的优秀青少年音乐人的做法：让他们看到钱，交易就能顺利达成。几个月前，斯托特帮助锐步和说唱歌手 Jay-Z 达成了协议，Jay-Z 的签名鞋 S. Carter 也刚刚上市。

“音乐界随时随地都在发生这种事：给一个人开出高额预付款，他就会接受协议，”斯托特表示，“那不是短期借款，我们是在为人们提供心仪的合同报价。人们喜欢我们的说法，而且愿意面谈，所以我们知道自己是他们的选择之一。我们觉得，只要开出人们想要的价格，他们就会接受。”

锐步高管离开房间，给詹姆斯留出思考的时间，但他们提出了一个警告：这是最后通牒，接受协议，他就能拿到奖金；如果不签约就离开，那么奖金也会消失。（人们当然可以说，詹姆斯的拒绝决定太英明了；也有人会说，这个决定太冒险了。）詹姆斯聘请了一名经验丰富的经纪人阿伦·古德温（Aaron Goodwin），古德温为詹姆斯提供了很多建议。没有人会责怪詹姆斯接受那笔协议，就连耐克和阿迪达斯都能理解他。那可能是一个不该被拒绝的邀请。

即便只有 18 岁，即便未来的美好人生就摆在眼前，詹姆斯仍然拥有拒绝的意识。

“我在房间里鼓掌了，”斯托特说，“费尔曼不敢相信，在他看来那毫无道理可言。我知道自己看到了过去从未看到的景象，出于尊重，我鼓了掌。我接触过很多专业且成功的美国年轻人，他们一直在贫困的环境下生活。当詹姆斯在那个房间里对那笔钱说‘不’时，我意识到我们整整一代人实现了进化。我被深深打动了。他拒绝了那笔钱，第二天照常去上课！”

“你得思考以后的事儿，”几年后，詹姆斯这样对我说，“我要签的是一生的协议。你不能只看第一张支票，你得思考全部的人生。”

拥有觉察力是这个故事的根基。这本书记录的是詹姆斯在赛场之外的人生旅程，这是一段与他独特的篮球生涯并行发展的旅程。和在篮球场上一样，在商业世界里，詹姆斯获得过无与伦比的成功，也经历过惨痛的失败。某些选择带来的负面影响和输掉总决赛一样让他备感苦涩，有些胜利则带给他巨大的满足感，即便没有对外公开，也是如此。这本书会详细记录他的成功与失败。

从某种程度上说，这只是詹姆斯商业生涯的开始：他正在规划自己篮球生涯结束后的 40 年。詹姆斯和他的家人、朋友及商业伙伴拥有宏大的计划，计划成功实现后，将足以让他现在取得的一切成就相形见绌。很久以前，詹姆斯就定下了成为亿万富翁的目标，如今的他不仅拥有巨额财富，而且不断通过控股扩大着自身影响力。他拥有实体产业、知识产权，还成了职业球队的老板。

詹姆斯如何走到今天，这是一个非凡的故事。接下来，就让我慢慢道来。

LEBRON, INC.

第一部分

广告代言

LEBRON, INC.

第 1 章

生意伙伴与承诺，商业世界的第一课

LEBRON, INC.

商业思考

熟知自己能够运用的权力和影响力，彻底掌控自己的人生。

关键决策

2001 年 7 月的第一周，詹姆斯在 ABCD 训练营里展现出了实力。他不会进入大学，而是会在不久的将来进入 NBA，而且会成为那些总想靠明星推销产品的球鞋公司竞相争夺的对象。

财富结果

詹姆斯写下 12.2 万美元的支票，偿还了“别人安排的借款”，摆脱了官司纠缠。

烧钱的星途

新泽西州哈肯萨克市的一座小型大学体育馆外，格洛丽亚抽完了一支烟。听到我问起拉斯维加斯的事，她笑了。2001 年 7 月的第一周，在阿迪达斯的 ABCD 训练营里，年轻的篮球运动员们展现出了实力。那是詹姆斯青少年时代最重要的时刻之一。

詹姆斯计划在下一周前往拉斯维加斯参加比赛，格洛丽亚告诉我，她也准备去。比赛间隙，我和格洛丽亚在阳光下打发时间。体育馆里座无虚席，十分闷热，我聊起了老虎机。“布赖恩，我穷得一手掏不出两枚硬币，”她说，“我不会把任何东西放进那个机器（老虎机）里。”

对高中篮球明星们来说，2001 年夏天是一个极为重要的时间点。那年 6 月，NBA 彻底敞开怀抱，拥抱了这些来自高中的潜力新人。迎接高中生的势头已经持续了几年，先是 1995 年凯文·加内特（Kevin Garnett）高中毕业后直接进入 NBA，1996 年科比紧随其后。这两人都已成为明星，联盟也在寻找更多像他们一样的人。2001 年，NBA 前 8 顺位新秀中有 4 人为高中生，其中包括 NBA 史上第一位高中生状元夸梅·布朗（Kwame Brown）。职业球探因此蜂拥进入 ABCD 训练营，并频频遭受顶级大学球队主教练们的白眼。毕竟，大学球队现在面对的是全新难度的竞争。

几个月前，北卡罗来纳大学主教练马特·多尔蒂（Matt Doherty）试图说服新人迪萨盖纳·迪奥普（Desagana Diop）不要在高中毕业后直接进入 NBA。多尔蒂开车前往弗吉尼亚州的橡树山（Oak Hill）高中和迪奥普见面，并向他展示了 NBA 首轮新秀比赛的薪金收入。多尔蒂想告诉迪奥普，如果他能在焦油踵队（Tar Heels）① 打一年，他就能成为顺位更高的新秀，赚到更多的钱；如果当年就参加选秀，按照预测结果，他只能排在首轮末位，收入会少很多。

多尔蒂的这些话很有道理。2000 年秋天，我也开车去了弗吉尼亚州的威尔逊口（Mouth of Wilson），在橡树山高中和迪奥普见了面。迪奥普不确定自己是否为职业比赛做好了准备，可当看到多尔蒂拿出的数据时，他发现就连首轮最后一个顺位的新秀，也能获得年薪近百万美元的 3 年期保障合同。出身塞内加尔的迪奥普做梦也没想过能拥有这么多钱，所以在那一刻，他就做出了参加选秀的决定。最终，

---

① 焦油踵是北卡罗来纳州人的别称，也是北卡罗来纳大学篮球队的队名。——译者注

迪奥普在第 8 顺位被选中，他在新秀赛季的收入达到 180 万美元。

因此，大学教练和职业球探在 ABCD 训练营中站在了一起。那段时间很怪异，职业球探可以观看高中生的比赛，但按照 NBA 的规则，他们不能和学生交谈；而大学教练可以和学生交谈，但按照美国全国大学体育协会（NCAA）的规则，他们不能向媒体提及学生的名字。那时 16 岁的詹姆斯还在成长，但在 ABCD 训练营中，当他连续 3 天上演精彩表现且稳稳压过一些年龄更大的球员后，他已经成了整个训练营公认的最佳球员。离开体育馆时，刚刚成为路易斯维尔大学主教练的里克·皮蒂诺（Rick Pitino）对着电视台的摄像机说，詹姆斯将会成为 NBA 明星，不过皮蒂诺并没有明确提到詹姆斯的名字，他显然遵守了美国全国大学体育协会的规则。不过几年后，由于学校被控告违反球员招募规则，皮蒂诺丢掉了工作。

普利策奖得主、《纽约时报》专栏作家伊拉·伯科（Ira Berkow）前往 ABCD 训练营观看了詹姆斯的表现。伯科在第二天的《纽约时报》上撰文表示，詹姆斯甚至可以在即将开始的高三赛季结束后立刻进入职业联赛。在当时，这是詹姆斯人生中全美知名度最高的一次曝光，伯科的这段评论甚至引发了外界的一阵小狂热。索尼·瓦卡罗（Sonny Vaccaro）是业余篮球的传奇人物，在漫长且成果丰硕的职业生涯里，他以说服乔丹加入耐克、说服科比加入阿迪达斯而闻名。瓦卡罗告诉我，詹姆斯可以在刚刚举行的满是高中生的选秀大会上成为乐透秀，因为他已经比那次选秀中所有被选中的18岁球员都要强了。

瓦卡罗自然会说好听的话，那时的他已经开启全力招募模式，为詹姆斯的高中球队安排好了一份阿迪达斯的合同，让队员们从头到脚都穿上了阿迪达斯的装备。詹姆斯高一那年，因为学校只有偶数号码的队服，且每隔几年才会购买新队服，所以他没能穿上自己喜爱的23号队服。到高四时，詹姆斯已经穿过十多种款式的队服，而且几乎每场比赛都会换上一双新的阿迪达斯球鞋。不管怎样，瓦卡罗说得没错：他比所有人都厉害。

尽管已经明确会在不久的将来进入NBA，但在那一周，现实还是让詹姆斯和他的家人颇感震动。他不仅不会进入大学，而且会成为那些总想靠明星推销产品的球鞋公司竞相争夺的对象。原因其实很简单：球鞋公司越早找出一个潜在的明星，就越能与对方建立良好关系，从而打败竞争对手，用更合理的价位签下这个潜力明星。就像锐步高管斯托特所说的那样：年轻的篮球运动员在某种程度上就像年轻的音乐人。但两者的重要区别在于，唱片公司在找到年轻才俊后，无论对方年纪多小都可以立刻签约，从而确保竞争对手没有机会争夺自己看中的人才；可受高中体育的业余性规则限制，球鞋公司只能等待，而这会让风险越来越大，让竞争变得越来越激烈。

这种状态还有另外一种影响：年轻运动员会因此不断承受压力，

他们需要直面外界不断增长的需求，并在高压状态下展现出实力。毫无疑问，詹姆斯是少数几个真正有机会在篮球界打出名堂的球员之一，他需要保持这种良好的势头。如果 16 岁就能签下百万美元的合同，那么他自然会签，可签合同后他还有两年时间才能进入 NBA，这段时间里什么事都有可能发生。为了确保自己获得最好的教练、最强的竞争力和最大程度的曝光，詹姆斯需要前往全美各地参加比赛，这对他而言是前所未有的。而整个人生都在苦苦挣扎的格洛丽亚，显然没有足够的钱让詹姆斯四处旅行。

因此，格洛丽亚面对老虎机时不假思索的话语才会触动我。格洛丽亚已经“中奖”，她的儿子即将赚到大笔金钱，可现在的支出也是不小的数额。詹姆斯会出现在各种地方，穿着新衣服，营养状况良好，有车开，有房子住。这些钱总有来源，但并不来自他的妈妈。未来几年，这方面的支出只会更多。

有问题的借款

詹姆斯即将学到关于商业世界的第一课。艾迪·杰克逊（Eddie Jackson）认识格洛丽亚和詹姆斯很多年了，詹姆斯小时候，杰克逊和格洛丽亚是情侣。詹姆斯有一张很有名气的童年旧照，照片里的他正在玩迷你篮球架，这是他的圣诞礼物。杰克逊表示，那个礼物是他买给詹姆斯的。尽管格洛丽亚和杰克逊在詹姆斯上高中时已经分手了，但杰克逊在某种程度上仍供养着这对母子。

那时，杰克逊把自己描述成一个“生意人”，他确实承办过几次不错的活动，但他也承认，自己是个罪犯。詹姆斯更小的时候，杰克逊进过监狱；詹姆斯读高中时，杰克逊又策划了一起房地产诈骗案；詹姆斯高四那年，杰克逊在达成辩诉交易后进入联邦监狱服刑。

上述这些事实导致很多人认定杰克逊对詹姆斯图谋不轨，人们还将杰克逊与詹姆斯之间的关系看作两人共有的缺点。和一个罪犯扯上关系，甚至有可能从中获益，这对詹姆斯和他的家人来说显然不是好事。可事实上，杰克逊在詹姆斯人生中扮演的角色非常复杂，有些时候甚至起到了非常重要的作用。他帮助詹姆斯获得了人生中的第一辆车，后来还允许詹姆斯搬进自己的一套房子里。他为詹姆斯的几次旅行提供了资金，还保证格洛丽亚能够一同前往，以便让詹姆斯更加安心。对詹姆斯来说，杰克逊是最接近父亲形象的人，有一段时间，詹姆斯甚至称他为父亲。杰克逊是靠犯罪收入做到这些事的吗？可能是。他是否曾借詹姆斯的名气背地里做过交易，或认定某些投资未来能让自己赚到大钱？也许吧。但这并不意味着他在詹姆斯的人生中没有起到重要作用，也不意味着他不关心、不想保护詹姆斯。显然，他既关心詹姆斯，又保护过詹姆斯。

2001 年，当杰克逊意识到詹姆斯所处环境的变化时，他知道自己需要帮忙筹集资金，而这最后演变成了规模相当庞大的一系列活动。通过朋友的帮助，杰克逊和詹姆斯家乡阿克伦市当时最有钱的人乔·马什（Joe Marsh）见了面。马什的财富主要来自做经纪人和活动承办人时的收入，他参与的绝大多数营生都是合法的。马什擅长为知名艺人安排巡演，他的客户包括大卫·科波菲尔（David Copperfield）、珍妮·杰克逊（Janet Jackson）、佛利伍麦克合唱团（Fleetwood Mac）等。《王者之舞》（*Lord of The Dance*）很有可能就是马什担任制作人的作品。后来马什和搭档作价 1.18 亿美元卖掉了公司，从而坐拥大笔财富，富甲一方。

杰克逊把马什看作资金问题的解决方案，马什则似乎一副公事公办的样子：他想与自己眼中未来的摇钱树建立联系。杰克逊和马什达成了协议。深信自己已走上状元秀之路的詹姆斯从新泽西回家后不久，马什给了杰克逊一张 3 万美元的支票，这是马什未来两年向杰克逊和格洛丽亚提供的总计 10 万美元借款中的第一笔。这算不上送人情，马什让杰克逊签下了年利率为 10% 的借款合同，并保证自己拥有一部詹姆斯参与的纪录片的全部权益。此外，双方还达成协议，让马什参与詹姆斯未来赞助合同的签订。

马什显然是个成功的商人，此举相当精明，实际上和天使投资人的做法并无太大区别。天使投资人早期出资支持创业公司，当后者股价飙升时，投资人就能实现投资收益的最大化。其他人觉得那是伪装成援助的高利贷，是娱乐行业利用人们的天真占便宜的老套手段。但公平地说，马什面对的是无暇自顾的格洛丽亚和毫无经验的詹姆斯。协议达成后，詹姆斯被带到马什位于阿克伦郊外的湖边豪宅里参加会议，而他对正在发生的事几乎一无所知。

在一些人看来，一旦詹姆斯和他的家人参与了经纪人策划的“现金换影响力”活动，他的“业余性质”便立刻遭到了破坏。这件事当时如果被曝光，那么詹姆斯将会被禁止参加高中比赛，而且在整个过程中还会不断受到羞辱。可考虑到当时的环境，想判断究竟是哪一方不怀好意，恐怕没那么容易。

只有杰克逊知道他到底把多少借款用在了詹姆斯一家身上，也许他用了全部。终于还清借款时，杰克逊已人在监狱，马什则会把每个月的支票直接送到格洛丽亚手中。尽管詹姆斯见了马什，但他什么也没签。事后证明，这个决定至关重要。在接下来的 18 个月里，詹姆斯参加了几次关于纪录片的会议，也对参与其中展现出了一定的兴趣。但高三那年，詹姆斯所在的球队在俄亥俄州决赛中败北，第一次引发了媒体对他的批评浪潮，在那之后，詹姆斯就变得有点儿意兴阑珊。与此同时，他的名气正在变得越来越大。

他已经登上了《体育画报》（*Sports Illustrated*）的封面，见过了乔丹。詹姆斯对和一个自己从未听说过的人合作拍纪录片变得越来越没兴趣。17 岁那年，在一次活动中见到斯派克·李（Spike Lee）后，詹姆斯告诉马什，他希望由斯派克来做纪录片的导演。马什愿意满足詹姆斯的这个要求，但他根本联系不上斯派克。拍纪录片之事不了了之，詹姆斯和格洛丽亚最后也切断了和马什的联系。到了高四那年，获得资金对詹姆斯来说早已不是问题。尽管话说起来有些难听，但对詹姆斯一家来说，马什已经完成了自己的使命。

被断绝关系后，气愤的马什在詹姆斯新秀赛季开始后的第一个月提起诉讼，就纪录片和有可能会损失的赞助费提出了 1 500 万美元的赔偿请求。那些口头协议都是在詹姆斯未成年时达成的，他却说詹姆斯违反了合同。马什说他不想做詹姆斯的经纪人，而且借出钱时也几乎不认识对方，他只是做了一笔生意，而生意伙伴没能兑现承诺。

用合理的价钱还清债务

尽管詹姆斯在随后的几个月里试图和解，并提出通过经纪人和律师来偿还借款，但案子最终还是在 2005 年开庭审理，詹姆斯必须出庭。那时的詹姆斯早已成为媒体密切关注的名人，当地报纸甚至刊登了他在法院餐厅里点了什么餐以及他的付款方式（1 张 100 美元的现钞）。陪审团最终以 6：2 的投票结果对詹姆斯给予支持，这样他就只需支付借款和利息。

当时，法庭上的詹姆斯也不过 20 岁，别人安排的借款事件发生在 4 年前。他巧妙回应着对方律师提出的问题，迎合着法庭现场观众的情绪，最终赢得了胜利。作为一个来自“一手掏不出两枚硬币”的家庭的孩子，詹姆斯当场写下了 12.2 万美元的支票，继续昂首挺胸地踏上自己的人生之旅。

16 岁那年，当其他人正酝酿这份有问题的协议时，詹姆斯开始逐渐觉察到，自己将要成为职业篮球运动员。4 年后，待到判决下达时，他早已熟知自己能够运用的权力和影响力。彼时和此时的区别不言而喻，而詹姆斯此时已彻底掌控了自己的人生。

毫无疑问，当初在身边的成年人谈成一笔 6 位数的合同时安静地坐在沙发上的詹姆斯，如今已成熟到拥有可以全方位面对法庭局势的气场。走到这一步，也要感谢他在签约球鞋合同过程中学到的宝贵经验，这个过程将是他整个人生中最重要的时刻之一。

LEBRON, INC.

第 2 章

制造詹姆斯争夺战，签订一生之约

LEBRON, INC.

商业思考

1. 绝不傲慢。
2. 我没有特殊的天赋，有的只是强烈的好奇心。
3. 思考合同结束时甚至职业生涯结束时自己的境遇。
4. 必须为长远打算。不是因为人们告诉我这一切很重要，而是因为我觉察到这一切很重要。
5. 要更看重自己能留下什么精神资产，而不只是想尽办法赚更多的钱。
6. 利用各种优势，制造让自己获得高额报价的局面。

关键决策

古德温制造詹姆斯争夺战，三大球鞋公司对詹姆斯展开争夺。最终，詹姆斯做出了最好的商业决定：和耐克签约。

财富结果

2003 年，詹姆斯和耐克签约，合约费用为 7 年 8 700 万美元。

耐克、阿迪达斯、锐步都在竞标

1971 年，在俄勒冈州波特兰市郊外一间小小的办公室里，菲尔·奈特（Phil Knight）[①] 经营着一家刚刚成立的球鞋销售公司。奈特一直不知道该给自己创立的新品牌起个什么名字，他的新球鞋鞋底的设计灵感源自华夫饼机，于是他想用“六维”命名自己的新品牌。奈特拥有 MBA 学位，是注册会计师，还是一名无所畏惧的创业者，但他并不是市场营销专家。员工恳求他不要用那个名字，他们发生了争论。经过几天反反复复的争吵，奈特生气了。但工厂需要答案，于是他选择了员工提出的最后一个建议：耐克。这也是古希腊胜利女神的名字。

那时耐克的年销售额大约只有 100 万美元，有时连给员工发工资

① 耐克创始人，全球最具影响力的企业家之一，著有《鞋狗》一书。这本书讲述了耐克“从 0 到 1”的过程，展示了奈特创业路上的方方面面。其中文简体字版已由湛庐策划，北京联合出版公司于 2016 年出版。——编者注

都很困难。到了2003年，耐克已经成为世界上最具知名度的品牌之一，每年的销售额超过100亿美元。在这段传奇的经历中，奈特学到了很多，其中最重要的经验，就是了解到市场营销的重要意义。几十年里，耐克的产品越来越好，但在拥有卓越的市场营销能力之前，耐克始终没能成为国际巨头。在耐克成为行业翘楚的过程中，最重要的助力莫过于1984年和耐克签约的乔丹。和乔丹签约一年后，当第一双Air Jordan球鞋上市时，耐克在前两个月里就卖掉了超过7 000万美元的产品。从那时起，招募并签约顶级篮球运动员就成了耐克经营策略里的重中之重。

2003年初，三大球鞋公司因5名即将成为自由球员的篮球明星展开了激烈竞争。从1996年进入NBA开始就与阿迪达斯签约的科比，为了成为球鞋自由人而选择解约；作为可以通向数亿中国球迷的“大门”，姚明在进入NBA的前一年就已签约耐克；球星加内特一直与名气相对较小的篮球品牌And 1合作，他也是自由人；还有两个即将成为NBA新秀的人同样引起了巨大反响，他们就是詹姆斯和卡梅洛·安东尼（Carmelo Anthony）。詹姆斯当时是篮球史上最受关注的高中生球员，而安东尼在进入锡拉丘兹大学的一年后已然成长为明星球员，带领球队在美国全国大学体育协会举办的比赛中拿到了全国冠军。

那年冬天，奈特对几个高管说，他希望在下一个篮球赛季开始前，这5人能全部与耐克签约。那时耐克是全球运动鞋销售领域的领跑者，尤其是在篮球装备界，耐克占有统治地位，但阿迪达斯当时的市值也接近70亿美元，锐步的市值则超过30亿美元，这个市场的竞争极为激烈。耐克也许钱最多，但签下全部5个重量级自由球员的目标意味着，他们的报价会受到一定程度的限制，因为耐克不可能向每个人都开出最高报价。

2003年1月初，詹姆斯所在的高中球队坐飞机前往洛杉矶，到加州大学洛杉矶分校的主场波利球馆（Pauley Pavilion）参加一场比赛，他们的对手是加州橘子郡的强队梅特德伊（Mater Dei）高中队。比赛在ESPN2电视台直播，这也是一个月内詹姆斯第二场在全美直播的比赛。对詹姆斯和圣文森特-圣玛丽高中同为高四生的队友来说，这场比赛夹杂了很多个人感情。高一开始前的那个夏天，詹姆斯、德鲁·乔伊斯（Dru Joyce）、沙恩·科顿（Sian Cotton）和威利·麦基（Willie McGee）组成的团队打进了在奥兰多市举行的AAU全国总决赛。让人心碎的是，他们输给了一支来自南加州的球队，其中几个对手后来进入了梅特德伊高中队。这是一场备受瞩目的"复仇之战"，算得上某种程度的高手对决。詹姆斯和他的队友也知道，如果赢下比赛，他们就会在多个全美球队实力排行榜上升至第一，这对他们非常重要。那天晚上还有其他事发生，那也是耐克和阿迪达斯的对决。

坐在一个底线座位上的是奈特本人。耐克的老大亲临现场观看一场高中篮球比赛，特别是在招募竞争时这么做，是前所未闻的事情。

他和林恩·梅里特（Lynn Merritt）坐在一起，梅里特是耐克负责招募詹姆斯的高管。

坐在场地另一边的是瓦卡罗，作为阿迪达斯的高管，他不仅把签约詹姆斯看作自己的使命，而且下决心不让自己的前东家兼死敌耐克签下詹姆斯。这些年讲述瓦卡罗经历的文章很多，瓦卡罗过去的工作是为大学和球鞋公司寻找球员，退休前，他分别为耐克、阿迪达斯和锐步工作过。无论推销的是哪个品牌，他都会付钱给大学教练，让全队穿上那个品牌的装备。在这个过程中，无论是球员、教练、球鞋公司还是瓦卡罗本人，都能获得丰厚的回报。至少，他坦率地承认自己扮演了什么角色。

在职业生涯的上一个阶段，瓦卡罗经常扮演弱者，他会在采访中赞扬耐克，并且让自己看起来好像没机会代表“弱小”的阿迪达斯。1991 年，瓦卡罗与耐克的分手闹得很不愉快。有人说耐克签下乔丹的一部分功劳要归于他，但 30 多年过去了，各方仍对是谁签下了乔丹这个改变耐克命运的代言人争论不已。不管真相如何，离开耐克十多年后，瓦卡罗在面对老东家时还是取得了一些胜利。在耐克接触到科比前，他就与科比建立了亲密的关系，并帮助阿迪达斯签下了科比。接着，他又凭借一些幕后运作，协助科比加入洛杉矶湖人队，从而让阿迪达斯这个来自德国的品牌获得了最完美的“营销机器”。科比每年从阿迪达斯获得的基础收入为 150 万美元，对阿迪达斯来说，这是一笔相当划算的买卖。

紧接着，瓦卡罗又在夏季训练营里发现了一个从高中直接进入 NBA 的明星球员，那就是特雷西·麦克格雷迪（Tracy McGrady），在耐克还没来得及反应前，他就把麦迪（麦克格雷迪）带进了阿迪达斯。麦迪与耐克的人也见了面，他们同样开出了合同，但麦迪忠诚于瓦卡罗，再加上阿迪达斯开出了一年 200 万美元的合同，所以麦迪与耐克的会面只是走个过场而已。到 2003 年，科比和麦迪已经成为阿迪达斯篮球业务的主要推动力。耐克旗下也有不少明星，包括扣将文斯·卡特（Vince Carter），但耐克对高中球员的争抢始终不够如意，因为他们总是被瓦卡罗击败。

第一个与詹姆斯会面的也是瓦卡罗，那次会面发生在 2001 年春天。有人给瓦卡罗寄了几盘詹姆斯的比赛录像带，但瓦卡罗并没有产生惊艳的感觉。高一赛季结束后，阿迪达斯和詹姆斯的高中球队达成协议，为球员提供球鞋和队服。这项赞助的总支出为 15 000 美元，瓦卡罗日后表示，那是他做过的最成功的交易之一。高中时代，詹姆斯让阿迪达斯深度参与了自己的比赛。尽管高四那年詹姆斯开始穿其他品牌的球鞋，但他本质上“还是阿迪达斯的人”。其实，起初瓦卡罗和阿迪达斯并没有那么上心，詹姆斯只是他们关注的球员之一，当时并没有多少来自俄亥俄州的青少年能吸引瓦卡罗的注意。

为了拓宽篮球视野，詹姆斯与北加州名声很好的奥克兰士兵队建立了联系，他在高二赛季结束后参加了几场士兵队的比赛。这也是体现詹姆斯与众不同的例子之一，因为在那个年代，球员加入离家不近的 AAU 球队的情形并不少见，但来自俄亥俄州的球员加入加州的球队却前所未闻。

在士兵队打球的经历也给詹姆斯留下了深刻印象。他的两个队友，里昂·鲍维（Leon Powe）和肯德里克·帕金斯（Kendrick Perkins），后来也加入了 NBA，再次成为詹姆斯的队友，而詹姆斯仍是队中最强的。鲍维效力骑士队期间对我说，当时那个来自俄亥俄的孩子厉害到让他感到很吃惊，当他向教练问起詹姆斯是哪一届新秀时，答案让他很失望。当时鲍维被一些选秀杂志评为那一届全美排名第一的球员，但当他发现詹姆斯和自己年龄一样大时，鲍维知道，自己终将输掉和詹姆斯之间的头名之争。

在西部打过几场比赛后，詹姆斯的表现开始被瓦卡罗信任的一些人注意到，这些人告诉瓦卡罗，他应该好好去了解这个来自阿克伦的孩子。有了这个想法后，有人专门在旧金山大学体育馆组织了一场特别的一日活动，就是为了让瓦卡罗亲眼看看詹姆斯。为这个活动掏钱的是阿迪达斯，这又违反了业余性的规定。詹姆斯和他的妈妈、队友乔伊斯，以及高中球队的教练基斯·丹布罗特（Keith Dambrot）一起来到了旧金山。

阿迪达斯为詹姆斯提供了当天的装备，包括一双印有他名字缩写和“23号”字样的球鞋，这种情况并不多见。阿迪达斯的基层招募人员克里斯·里弗斯（Chris Rivers）特别看好詹姆斯，他很想说服自己的老板瓦卡罗对詹姆斯进行投资。然而，詹姆斯对这次活动并不算全身心投入，他还是一个16岁的孩子，不能时刻保持精神集中。那时的詹姆斯正处于发育期，身高已经达到1.98米，体重超过90公斤，脸上开始长胡子，头发也乱糟糟的。詹姆斯已经习惯了别人的迎合与奉承，会有点儿小脾气。活动当天，詹姆斯的心情并不好，他不喜欢那天阿迪达斯提供的球裤。

第一场比赛，詹姆斯就在任性而为，他从短裤里拽出队服上装，重新掖进短裤，又重新系好短裤腰带。瓦卡罗坐飞机从洛杉矶赶来，就为看詹姆斯的这种表现？他对詹姆斯有兴趣，但并没有完全信服詹姆斯的实力，而这样的表现显然不能让他满意。第一场比赛结束，丹布罗特拉着詹姆斯来到了光线明亮的走廊，那里能够俯瞰旧金山的部分美景，天气好的时候还能看到山下的旧金山湾。走廊的墙上挂着一块史上最伟大球员之一比尔·拉塞尔（Bill Russell）的牌匾。拉塞尔曾两次带领旧金山大学篮球队夺得全美冠军，他是这座体育馆里的明星。

丹布罗特不准备给詹姆斯上历史课。丹布罗特身材瘦削，个头矮小，有着一头浓密的卷发，他经常大吼大叫。在赛场外，丹布罗特的脸上总是挂着微笑，他有着令人愉快的性格，可当教练时，他的行为举止就全然不同了。比赛时，他总是那么愤怒，会因为队员犯错而狠狠跺脚，眼神总是那么冰冷犀利。当詹姆斯高中为丹布罗特打球时，他不敢相信这位教练居然那么能叫喊。丹布罗特的大吼让詹姆斯沮丧，更准确地说，丹布罗特的大吼激怒了詹姆斯。詹姆斯恨死了丹布罗特的大吼大叫，从来没有一个教练这样对待过他。

丹布罗特在那天下午又一次严厉地传达了一个信息，他告诉詹姆斯，詹姆斯正在毁掉自己的机会。他说詹姆斯精神不集中，说这场比赛事关大量金钱，数额大到是一个 16 岁的孩子打一场非正规球赛时很少能听到的数字。丹布罗特告诉詹姆斯，不要再折腾球裤了。

这番话詹姆斯听进去了，在第二场比赛里，他展现出了自己的潜力。詹姆斯的表现让瓦卡罗惊叹不已，尤其是一个帮助队友直接得分的长传球。后来的很多年，瓦卡罗都会提到自己亲眼见证了这个传球。没人知道那个传球的距离到底有多远，随着时间的推移，这个数字已经慢慢变成了传奇。这场比赛的目的就是让瓦卡罗了解詹姆斯，瓦卡罗也真的喜欢上了詹姆斯打球的风格，喜欢他不断为队友（包括在那次比赛中为几乎不认识的队友）寻找机会的表现。几个月后，瓦卡罗会确保让詹姆斯成为他在新泽西举办的 ABCD 训练营的焦点人物，也就是从那时起，他的新门徒开始被全美观众所了解。

让我们快进到 2003 年在加州大学洛杉矶分校的那个晚上。当晚，瓦卡罗和副手里弗斯坐在一起。里弗斯是阿迪达斯迅速制定的“得到詹姆斯”战略的排头兵，在詹姆斯高四那年搬到了阿克伦，以保证时刻出现在詹姆斯身边，加深双方的关系。盯着坐在场地另一边的奈特和梅里特时，瓦卡罗和里弗斯知道自己手握优势——因为他们认识詹姆斯，认识詹姆斯的妈妈，也认识杰克逊这位代理父亲，甚至和詹姆斯一家一起吃过饭。此外，瓦卡罗还相信他们已经说服了德国的老板，公司会为了得到詹姆斯而开出最丰厚的报价。

但梅里特也在行动。他已经在耐克工作了十多年，和瓦卡罗一样，他也是篮球世界幕后的权力人物。梅里特把小肯·格里菲（Ken Griffey Jr.）带入耐克，而且成为格里菲在公司里的导师，斯科蒂·皮蓬（Scottie Pippen）也受他关照。在耐克工作期间，梅里特招募了很多明星，并推动了他们的职业发展。当瓦卡罗通过常规渠道与詹姆斯建立联系时，梅里特却另辟蹊径。

“内线”卡特

马弗里克·卡特第一次和詹姆斯见面时，两人都是小孩子。卡特说，他和詹姆斯是在自己的 7 岁或 8 岁生日派对上相识的，双方父母的生活圈子有交集，但这个交集一部分跟犯罪有关。

卡特来自与犯罪有关的生活圈子，对此他毫不避讳。对他早年人生产生过重要影响的祖母在家里开了一家通宵营业的赌场，卡特经常去那里玩，为祖母打扫卫生、跑腿是他人生中的第一份工作。他总是说自己的父亲是一个“骗子”，但语气亲昵，他尊重父亲奥蒂斯·卡特（Otis Carter）想尽一切办法赚钱养家的做法。在祖母家里，他遇到过很多类似的成年男性。

卡特在青少年时期差点儿走上歧途，多亏了他妈妈凯瑟琳的严厉教育才重新走回正轨。凯瑟琳毕业于阿克伦大学，她通过上夜校的方式获得了学位，后来在阿克伦做了几十年的社工。作为一名努力工作又极具智慧的母亲，凯瑟琳要求卡特摆正人生态度，重回正轨，否则就会像他父亲一样沦为阶下囚。

母亲的命令加上其他方法最终起了效果，在圣文森特－圣玛丽高中读到高四时，卡特已经成为美式橄榄球明星和篮球明星，他还收到了西密歇根大学开出的全额篮球奖学金。詹姆斯高一时，卡特是高中校队的队长，他是非常出色的领袖，能够安抚队友并让他们保持镇定。作为亲眼看过卡特高中比赛的人，我认为卡特做橄榄球外接手比做篮球大前锋更好，因为在篮球场上，他的球员管理天赋似乎更有价值。从这个角度来说，他就像他的父亲：面对困难局面时有着出色的应对能力。尽管凯瑟琳并不认为奥蒂斯总能产生积极影响，但毫无疑问，奥蒂斯传授给卡特的经验在卡特的成长过程中起到了不小的作用。

在詹姆斯和卡特做队友的那个赛季里，有一个重要的瞬间预示了两人的未来。那是俄亥俄州四分之一决赛的比赛，也就是州地区性决赛。这场比赛的举办地在坎顿纪念运动场，也就是职业橄榄球名人堂旁边的一座老体育馆。詹姆斯和卡特的对手来自克利夫兰的篮球强校维拉·安吉拉－圣约瑟夫中学。这所学校出过众多明星，其中包括公认的俄亥俄州史上最伟大球员之一的克拉克·凯洛格（Clark Kellogg）。

这是一场比分胶着的比赛，第四节开始不久，卡特愤懑离场，于是接管比赛的压力落在了詹姆斯的肩上。卡特把詹姆斯拉到一边说詹姆斯可以为球队带回一场胜利。现在再去回想，卡特的这番话也许很荒谬，因为那时的詹姆斯只有 15 岁，他有时在比赛中会变成“旁观者”，无法影响比赛。这也是丹布罗特希望詹姆斯改掉的习惯，有时丹布罗特甚至会在中场休息时激烈地批评詹姆斯。不管卡特说了什么，他的话起了作用。比赛的最后 7 分钟，詹姆斯火力全开，掌控全局，他的球队最终赢得了胜利。

卡特后来进入大学，他计划以球员身份开启篮球生涯，但是招募卡特进入西密歇根大学的教练被解雇了。卡特的上场时间很少，场均得分只有 2 分左右。大一那年，球队只取得了 7 胜 21 负的战绩。更能让人认清现实的是，那个赛季在与密歇根大学和印第安纳大学的比赛中，得到上场机会的卡特却发现自己完全被对手超越了。其实这也是大多数大学球员面临的现实，但卡特值得称赞的一点是，他很早就认识到了这个现实。令人失望的大一赛季结束后，卡特转学到了阿克伦大学。丹布罗特在那里担任助理教练，他为卡特在球队中留了一个位置。

按照美国全国大学体育协会的规定，卡特在转学后的第一个赛季无法上场比赛，不过转学带来的一个好处是，他回家了，这让卡特有机会重新融入詹姆斯的日常生活。那是 2001 年，也就是詹姆斯成为全美知名人物、周围所有人都开始为他的职业生涯做打算的命运之年。也就是在那个时候，球鞋公司的高管们逐渐出现在阿克伦，纷纷启动招募流程，梅里特就是其中之一。詹姆斯比赛时，梅里特坐在观众席观看比赛，并在赛后留下来了解詹姆斯的朋友和家人。他不仅很快明确了卡特在詹姆斯人生中扮演的角色，而且了解了卡特对詹姆斯比赛风格的看法以及对詹姆斯未来的想法。接下来，梅里特做了一件极为重要的事情：为卡特在耐克总部提供了一份实习工作。

梅里特被卡特的性格吸引了，而且很喜欢他。但必须明确的是，梅里特的主要动机是与詹姆斯建立联系。这并非独特的做法：自与运动员签订赞助协议时起，耐克就开始聘用与运动员关系密切或有关联的人。20 世纪 70 年代，奈特迫切希望耐克签下田径明星史蒂夫·普雷方丹（Steve Prefontaine），他甚至专门指派了一名员工担任“普雷耳语者”。即便如此，有些高管在比弗顿耐克总部看到卡特时还是感到很意外。一般来说，耐克会从哈佛商学院或奈特读研究生的斯坦福大学这样的地方挑选实习生，而不会从阿克伦大学挑选。

卡特很有野心，也很聪明，实习期间，他经常想办法和老板交流，询问耐克的工作流程和业务目标。耐克有一些和卡特合作的人认为，卡特只是公司为了追逐更大的目标而不得不忍受的人，这也是卡特在未来 15 年的大部分时间里不得不对抗的污名，但卡特慢慢展现出詹姆斯附属品之外的一面。爱因斯坦说过：

“我没有特殊的天赋，有的只是强烈的好奇心。”

这句话在某种程度上成为卡特的行事原则，或者至少成为一句说出来能解除其他人戒备心的好听的话。不管怎样，卡特开始多次引用这句话，行动上大体也遵循了这个标准。

得到实习机会后，为了在詹姆斯成为职业球员后做好与他合作的准备，卡特决定放弃篮球和学业。卡特和詹姆斯决定，卡特会前往詹姆斯选择签约的任何球鞋公司工作，并成为詹姆斯的内线。高中时，詹姆斯在对待商业问题时有时会承认自己的无知。他确实经验匮乏，但绝不傲慢。詹姆斯觉得，自己 17 岁时就能帮助卡特找到工作，这意味着他已经很好地掌控了自己在这个行业所能施加的影响力。

竞价大战，价值 1 亿美元的突破性报价

耐克还有一个强有力的盟友。詹姆斯 16 岁时，和卡特去芝加哥与几个 NBA 球员打了一场比赛。这次试训的目的就是让外界了解詹姆斯的能力到底有多强，以此帮助詹姆斯打开更多的门路。试训的地点是位于芝加哥市外的一个篮球训练馆，运营这个场馆的是知名训练师蒂姆·格洛沃（Tim Grover）。有一天训练结束后，格洛沃要求詹姆斯多等一会儿，没过多久，一辆高档跑车驶进停车场，车里走下了乔丹。詹姆斯和卡特都看傻了。乔丹当时正在为最后一次 NBA 复出而进行半秘密的训练，那天，他花了 20 ～ 30 分钟了解詹姆斯。乔丹当然是詹姆斯的偶像，这次相遇几乎让詹姆斯不知所措。在接下来的几年时间里，只要跟随华盛顿奇才队前往克利夫兰打比赛，乔丹都会与詹姆斯联系。詹姆斯高四那年的春天，乔丹邀请他参加自己在华盛顿举办的年度高中篮球全明星赛，两人在这个活动上相处的时间更多。有机会认识堪称耐克签约史上最著名运动员的乔丹，也对詹姆斯更具吸引力。

瓦卡罗是第一个了解詹姆斯的人，他与詹姆斯建立了良好的关系，也让詹姆斯穿上了阿迪达斯的球鞋和球服，这些都是事实，但梅里特和耐克同样取得了进展。詹姆斯了解到了足够多的信息，让自己不会过度偏向任何一方。高四开始前的那个夏天，他不仅加入了瓦卡罗在新泽西举办的 ABCD 训练营，还在 7 月的同一周里加入了耐克

的全美训练营。因为那年春天在芝加哥参加一场比赛时手腕骨折，还在恢复中的詹姆斯没能参加比赛。詹姆斯在两个训练营都召开了新闻发布会，在阿迪达斯的训练营时，他穿着耐克球鞋；在耐克训练营时，他又穿上了阿迪达斯球鞋。游戏就这样开始了。

2003 年 1 月的那个晚上，在洛杉矶进行的比赛中，按照詹姆斯自己的标准，他的发挥并不出色：他的 8 次三分出手全部“打铁”，总共投丢了 15 个球。一个月前在克利夫兰，他面对橡树山高中时用一场胜利震惊了全美观众，相比之下，他在这场比赛里的表现就显得不那么出色了。但他还是拿下了 21 分，还得到了 9 个篮板和 7 次助攻机会。詹姆斯还送出了几次高光表现，尤其是一个胯下传球，被 ESPN 电视台的《体育中心》（*Sports Center*）节目反复播放。现场有 1.2 万名观众，由于那个赛季加州大学洛杉矶分校棕熊队的战绩不够出色，1.2 万就是当年波利球馆的到场人数上限。詹姆斯的球队以 6 分的优势赢得比赛，并在接下来的一周被《今日美国》（*USA Today*）排在了高中球队实力排行榜第一名。然而，具有更重要意义的比赛还在后面。

到了要认真竞争的时候，锐步已经被耐克和阿迪达斯甩在身后，它没有像后两家公司那样打下扎实的基础，或者为建立与球员的联系而大量投资。锐步只是和威廉·韦斯利（William Wesley）偶尔保持联系，韦斯利是费城 76 人队球星阿伦·艾弗森的密友，艾弗森那时是锐步篮球的头牌。韦斯利之所以会被公众广泛认识，是因为他帮助平息了2004年底特律活塞队和印第安纳步行者队之间的冲突，当拉着罗恩·阿泰斯特（Ron Artest）离开场地时，韦斯利的西服已被愤怒的球迷洒下来的啤酒浸透。不过在那之前，韦斯利早就是篮球世界的参与者了。经纪人和联盟高管表示，2005年前后，韦斯利是篮球世界最具影响力的人物之一。

韦斯利的专长是与年轻球员成为朋友，帮助球员和他们的家人，也就是说，他是交易环节的中间人。他把球员称作自己的“侄子”，所以有些球员称韦斯利为“叔叔”。市面上流传着很多与他有关的故事：他帮球员还清了赌债，帮球员获得抵押贷款，乘坐私人飞机前去调和明星球员与主教练的矛盾。无论怎样定义韦斯利的角色，归根结底，NBA球员相信他，大学教练和职业教练认为他值得尊敬。毫无疑问，韦斯利尤为擅长构建关系。耐克想方设法让乔丹对詹姆斯保有兴趣，而韦斯利则帮助詹姆斯与其另一个偶像——说唱巨星Jay-Z相识。

德胡安·瓦格纳（Dajuan Wagner）是与韦斯利关系最亲密的球员之一。瓦格纳不是简单的“侄子”，而是韦斯利的教子。詹姆斯高四那年，瓦格纳恰好是克利夫兰骑士队的新秀球员。韦斯利和瓦格纳的父亲米尔特·瓦格纳（Milt Wagner）从高中时就认识，本质上，韦斯利的强力篮球经纪人职业生涯就是伴随米尔特在NBA的打拼开始的。韦斯利后来帮助费城地区的律师里昂·罗斯开设了经纪公司，并在罗斯成为NBA权势最大的经纪人的过程中起了很大作用。罗斯也是瓦格纳的经纪人。这一切关联在 2002—2003 赛季的具体体现，就是韦斯利在克利夫兰生活了很长一段时间，以便为教子提供支持。

与此同时，在那个赛季，詹姆斯有时会在没有比赛的晚上前往克利夫兰观看骑士队的比赛。在那里，他受到了热情的欢迎，球队甚至允许他进入更衣室。那个赛季，骑士队有目的地摆烂，希望以此提高选中詹姆斯的概率，而詹姆斯有时会穿着高中队服外套出现在骑士队更衣室里。事实上，那时的詹姆斯可能已经是骑士队更衣室里最优秀的球员了。詹姆斯高三时，骑士队主教练约翰·卢卡斯（John Lucas）允许他在球队的球馆里训练。被 NBA 发现后，由于违反选秀规则，卢卡斯被禁赛两场，骑士队则被罚款 15 万美元，但詹姆斯一直与骑士队保持着联系。

韦斯利因此了解了詹姆斯，也认识了他的朋友和家人。韦斯利的收入来源是什么、与谁合作，这些信息均不透明，不过众所周知，他总能想到办法把球员招募进罗斯的经纪公司。罗斯是艾弗森的经纪人，他在 2001 年为艾弗森和锐步协商签订了一份终身合同。当锐步的私人飞机降落在阿克伦，准备接詹姆斯参加那场重要的会议时，作为招募团队成员的韦斯利也在那架飞机上。

锐步被选中第一个宣讲有其背后的原因：他们要弥补的差距是最大的。那年早些时候，锐步曾经向科比开出了一份巨额报价，据称每个赛季的合同金额高达 1 500 万美元。几个月前，科比自掏腰包，用 800 万美元买断了和阿迪达斯的合同。手握 3 枚总冠军戒指的科比，是球鞋市场的重量级自由球员，他在整个赛季中穿过各种品牌的球鞋。不过科比与锐步的谈判最终破裂了，他开始把精力集中于耐克。古德温之所以赢得了詹姆斯的经纪人争夺战，其中的部分原因是他有帮助球员获得大额球鞋合同的经验。当古德温知道锐步在科比的争夺战中已出局时，他制定了一个策略，发起了竞价大战。古德温希望因错过科比而渴望再获得一名球星的锐步能够奠定市场标准。在与锐步高层见面时，古德温明确表示，只有开出巨额合同，詹姆斯才会认真考虑锐步。

当锐步提出让人心动的报价后，詹姆斯自然联系了梅里特和瓦卡罗，以了解耐克和阿迪达斯是否愿意给出同等报价。经过很长时间，各方终于进入这个局面后，每个人都想预测出事情的发展方向。如今讨论的合同金额，比各方最初预想的要高很多。詹姆斯第一次意识到，在未来的人生中，合作的可能远不止耐克和阿迪达斯这两个品牌。

瓦卡罗曾经向詹姆斯暗示，阿迪达斯愿意开出保障金金额为 1 亿美元的合同，为期 10 年，每年 1 000 万美元。这是一个神奇且让人震惊的数字，即便很多年后，这个合同金额的高标准仍令人难以想象。每家公司都迫切希望获得资源，于是展开了竞价大战，这就形成了詹姆斯可以利用各种优势让自己获得高额报价的局面。瓦卡罗自然想赢，签下詹姆斯会让他本已非常优秀的资历变得更加惊人。

瓦卡罗已经为这一时刻准备了几个月，他与阿迪达斯最高层沟通过，以确保自己的方案准备充分。为了周末的会面，阿迪达斯已经投入了大量的资金。周五，也就是詹姆斯从锐步返回的两天后，阿迪达斯为詹姆斯及其朋友派出了一架私人飞机。一行人落地后，他们又为詹姆斯等人提供了当晚湖人队季后赛的场边席座位。湖人队在那场比赛中战胜了圣安东尼奥马刺队，穿着乔丹品牌球鞋的科比砍下了 39 分。第二天，阿迪达斯在一栋豪宅里召开了宣讲会，这栋房子位于马里布海滩，可以俯瞰太平洋海景。

阿迪达斯的宣讲充满了常见的套路，他们进行了华丽的陈述，拿出了球鞋模型，讲述了自己的营销理念。可就像锐步希望的那样，游戏在詹姆斯与锐步会面后已经发生了改变。此外，阿迪达斯在这次会面中提出的底线报价也出了问题：1 亿美元的合同没有了，阿迪达斯德国总部发来的最终文件表明，公司退缩了，给出的保障金金额大幅减少。尽管在某些情况下，合同中规定的奖金和特许权费用可以让詹姆斯赚到比 1 亿美元更多的收入，但合同的保障金金额却不到 6 000 万美元。在锐步出现前，这本是一笔相当丰厚的报价，但在锐步出现后，阿迪达斯的这份报价便难入詹姆斯的法眼了。每个人都心知肚明，房间里有一种令人窒息的气氛。瓦卡罗以个人名义向詹姆斯和他的母亲道歉。瓦卡罗极为沮丧且消沉，这不仅是因为他知道已无望签下詹姆斯，而且更是因为老板没有给予支持而导致自己在整个过程中异常丢脸。瓦卡罗在那一天做出决定，他要离开阿迪达斯，而之后不到两个月他就递交了辞呈。坐飞机回家时，詹姆斯想的都是锐步和他们提出的 1 亿美元。

最隆重的宣讲会

接下来的那个周五，又有一架私人飞机来到阿克伦接詹姆斯和他的家人，这一次是耐克的安排。对耐克来说，最后一个宣讲非常重要，他们希望自己是最后一个出场的人，因为这有利于更好地掌控谈判全局。可这个策略也存在消极的一面，特别是耐克有着自己特定的做生意的方式，耐克不喜欢陷入竞价大战。因为拥有更好的产品、品牌效应和市场营销策略，耐克通常能以低于竞争对手的价格签下运动员。运动员们喜欢与耐克合作，就在詹姆斯来访的一周前，安东尼来到耐克总部参加宣讲会，宣讲、合同谈判和签约在一天内就完成了。

手握锐步报价的詹姆斯希望，在再次开始长途旅行前自己能先得到一些保证。他经常与梅里特交流，但梅里特并没有提到任何詹姆斯想听到的数字。说实话，梅里特的工作是与运动员建立联系，说服对方加入耐克，而不是决定耐克该付多少钱。阿迪达斯的高管评估后认为，给詹姆斯 1 亿美元不符合经济逻辑。耐克的高管做了相同的研究，并且有相同的担忧。

多年来，耐克的年度财务报告里都存在一项“需求创造费用”，这是他们在赞助签约、市场营销和广告方面支出的总称，一般来说，耐克会将这些费用保持在年营业额的 11% 或 12% 的水平。按照这个惯例，詹姆斯配得上 1 亿美元合同的前提，就是合同存续期间他的球鞋和服装能为耐克带来 8.5 亿美元的营业收入，这是一个相当庞大的数字。在这件事上，阿迪达斯的 CEO 赫伯特 · 海纳（Herbert Hainer）并不看好，奈特也需要做出决断。

不是所有与赞助合同有关的事情都非黑即白。耐克出售的是潮流，而签下詹姆斯也顺应潮流，但这是无法量化的。耐克 2003 年的“需求创造费用”超过了 12 亿美元，2017 年为 36 亿美元。2003 年春天，追逐这些篮球自由人时，耐克还完成了对竞争品牌匡威的收购，收购协议总额为 3.05 亿美元，全部以现款支付。所有的一切都是相关的。在詹姆斯的问题上，耐克想得到他，但又不想做不划算的生意。

在这个背景下，詹姆斯和他的母亲又一次出发，去听球鞋公司的宣讲会，卡特和他们一起重返耐克总部。因为要上学，所以詹姆斯直到周五下午才坐上飞机，这意味着宣讲会将在周六进行，这种情况对耐克来说非同寻常，他们一般会把会议安排在工作日。耐克将会议地点安排在米娅 · 哈姆大楼，这是耐克总部园区里一栋有着绿色窗户、造型优美的新楼。这类宣讲会一般包括几个固定元素：特制的灯光、视频以及充满艺术性的产品展示。针对詹姆斯的宣讲会是耐克截至当时最隆重的一次，负责这场活动的是威登 + 肯尼迪公司（Wieden+Kennedy）。这家位于波特兰的广告公司，是这些年耐克大多数成功市场营销方案的幕后推手。耐克聘请一名诗人来朗诵了一首为詹姆斯创作的作品，向詹姆斯展示了他的球鞋未来可能的样子，以及他的服装产品线会推出什么样的 T 恤、短裤和袜子。其中一个主题是把詹姆斯描绘成狮子，并配上日后颇受詹姆斯本人喜爱的"皇帝詹姆斯"的绰号。据一些耐克高管估算，仅针对詹姆斯的宣讲活动，公司在产品和人员上的支出就达数十万美元。

随后便是谈判时间，一般来说，当经纪人走进会议室和对方商讨具体的数字和条款时，球员会选择离开。除了古德温，现场还有弗雷德·施赖尔（Fred Schreyer），他曾是耐克的律师，当时担任职业保龄球联赛总裁，被古德温聘请来协助谈判。耐克的谈判代表是拉尔夫·格林（Ralph Greene）和亚当·赫尔芬特（Adam Helfant），两人都是营销高管。

此时，情况开始变得不同寻常。詹姆斯希望当耐克提出报价时自己能在现场，耐克对此毫无准备，他还希望格洛丽亚也留在现场。不管怎么说，锐步是当着詹姆斯母子的面拿出了 1 000 万美元的支票。詹姆斯似乎在期待着这种盛大而隆重的场景，但这不是耐克的风格。

奈特参加了宣讲会，当高管带着问题找到他时，他表示不介意詹姆斯和格洛丽亚也进入会议室参加谈判。耐克的报价并没有让詹姆斯一家感到意外，当然也没让他们流下激动的泪水：耐克开出的是一份保障金金额接近 7 000 万美元的合同。至于签约奖金，耐克听说锐步开出了 1 000 万美元，他们也准备做同样的事，或者说在一定程度上同样的事。耐克原本没有计划直接对詹姆斯说出这些细节，他们的报价是詹姆斯签约时就能拿到 500 万美元，当协议的长期部分敲定后再付 500 万美元。耐克在宣讲过程中积累起来的全部良好势头，短短几分钟便消失殆尽。

让我们从大环境中对比一下詹姆斯的这份合同，泰格·伍兹（Tiger Woods）与耐克的第一份合同为 3 500 万美元，科比在那一年和耐克签订了 4 000 万美元的合同。这一次，耐克拿到谈判桌上的条件已经相当丰厚，但和锐步相比，还是相形见绌。双方的进一步谈判进行得并不顺利。会议结束，当詹姆斯离开耐克园区时，他看上去似乎不会与耐克签约。几个月前，美林证券（Merrill Lynch）的一名股票分析师以能够签下詹姆斯为前提对耐克的股票做出了“买入”的评级。那时因为不想让竞价大战“胎死腹中”，詹姆斯的律师发表了一份否认签约耐克的声明，但这个事件让耐克产生了一种合作一定能达成的期待，因为如果不能签下詹姆斯，即便只是暂时性的，公司的股价也会出现下跌。

那天晚上，詹姆斯去了梅里特家。所有人都知道情况不太乐观，梅里特有一种不好的预感，他觉得这会是自己最后一次和詹姆斯进行有意义的交流了。不过事后证明，两人的感情在那天晚上得到了进一步加深。詹姆斯和梅里特十几岁的孩子成了朋友，他们在一起打了一会儿游戏。星期天在机场送别詹姆斯时，梅里特仍不看好耐克的前景。

古德温希望在下一个周三前达成协议。NBA 周四将在新泽西举行选秀抽签仪式，詹姆斯会在当天晚上知道自己在下个赛季将效力于哪支球队。詹姆斯既有可能加入坐拥巨大球市的纽约尼克斯队，也有可能前往联盟最小球市之一的孟菲斯灰熊队。古德温不希望球市规模影响竞价大战，他想通过设置周三这个最后期限来鼓励各公司拿出最佳报价方案。

周一早上，来上班的耐克员工期待听到詹姆斯同意签约的消息。100 多名员工参与了宣讲活动，他们中的一些人渴望听到能让人大肆庆祝一番的消息。路过公司市场营销高管办公室所在的约翰·麦肯罗大楼时，他们发现了真相。就像财务部门的人所说的那样，“我们和锐步之间有着明显差距”。换句话说，耐克的报价被对手超越，而且情况正在恶化。虽然谈判的大门并未完全关闭，但双方陷入了僵局。耐克愿意提高报价，但他们希望古德温先提出一个对价，而古德温却不愿意这么做。这个小游戏持续了 24 小时，直到梅里特说服古德温先提出了对价，可双方距离达成协议还有很长的路要走。

与此同时，古德温也保持着和锐步的联系，锐步嗅到了达成协议的机会，于是继续提高报价，最终让合同总额超过了 1 亿美元。如果算上签约奖金和其他因素，据知晓最终数字的人表示，锐步为詹姆斯提供的最终报价约为令人咋舌的 1.15 亿美元。周二，锐步与古德温的预期已足够接近，各方甚至计划飞往詹姆斯的家乡阿克伦敲定最终合同。锐步想达成合作，如果没有这个想法，他们就不会让高管和律师带着各种法律文件前往阿克伦。

在球鞋合同的协商过程中，詹姆斯已经成为百万富翁。古德温安排詹姆斯和纪念品及球星卡制造商 Upper Deck 签下了詹姆斯人生中的第一份赞助合同，这份多年打包合同价值 600 万美元。古德温将签约仪式安排在阿克伦市中心丽笙酒店的套房里，詹姆斯在合同上签下名字后，Upper Deck 的代表交给他一张 100 万美元的支票作为签约奖金。詹姆斯例行公事一般将支票对折后放进口袋，然后离开酒店回去上学了。这一切都发生在他高四的最后一段时光，他希望珍惜这段与朋友们共处的时光。

7 年 8 700 万美元，进入耐克大家庭

不过，詹姆斯还在想着另一件事。他对那些数字心知肚明，那时候，他已经在好几周的时间里接受了自己可能要和锐步签约的事实，

可他不想这么做，他不是很喜欢锐步的鞋。几年前，锐步旗下的球星肖恩·坎普（Shawn Kemp）曾表示，锐步为他提供的球鞋在比赛中出现了损坏，他还在接受一名报社记者的采访时说锐步的鞋是“可以抛弃”的东西。锐步因为坎普的这番话而起诉了他，但坎普并未改口。詹姆斯一直以来的设想就是和耐克签约，他想成为耐克出色广告宣传中的一分子，想和他们的设计师合作。

然而，锐步的报价多了几千万美元，这笔钱存在的意义就是让詹姆斯不再犹豫。耐克当然有能力与锐步的报价匹敌，这对他们的损益几乎不会产生太大影响，可他们还要和更多的运动员签订更多的赞助协议，他们必须考虑守住一定底线这一因素。而在詹姆斯计划的未来中，他穿的都是耐克的装备，他梦想参演耐克的广告，他想像乔丹一样，他想和耐克做生意。用詹姆斯的话来说，就是他“想进入耐克大家庭”。部分原因在于乔丹的影响力；部分原因在于耐克的品牌声誉更好；另一部分原因在于詹姆斯的自我意识，他就是想穿耐克的产品；还有一部分原因在于梅里特，梅里特赢得了詹姆斯的信任。

周三那天，锐步的人就在阿克伦，他们驻扎在酒店，准备完成签约。古德温给耐克回了电话，透漏了詹姆斯愿意和他们签约的意思。如果能提高报价，并在一些问题上达成一致，耐克就能得到詹姆斯。意识到自己重回竞争大战后，耐克高管赫尔芬特和格林陷入狂喜。奈特当时正在纽约参加传奇体育经纪人马克·麦科马克（Mark

McCormack）的葬礼，他也立刻拿起电话开始工作，批准提高报价。就在锐步高管等待期间，他们的对手耐克却在接近傍晚时准备好了一份签约意向书。工作人员完善意向书细节期间，奈特正准备在纽约登上飞机，飞回家乡加州棕榈泉，接下来的 6 个小时内，其他人将无法联系到他。

最终，詹姆斯同意了耐克开出的 7 年 7 700 万美元的保障合同，再加上 1 000 万美元的签约奖金，合同总价因此达到 8 700 万美元。耐克高管把签约意向书传真给詹姆斯，并请他尽快回复。他们在传真机边来回踱步，等待带有詹姆斯签名的文件传回。詹姆斯去了酒店，但没有见锐步的人，相反，他去见了古德温和施赖尔，签下了人生中最重要的文件之一。

古德温来到酒店大堂，把消息传达给了锐步的人。锐步的人感到异常愤怒，他们觉得自己只是被当成了抬价的工具，大老远飞到阿克伦却遭冷遇，甚至没有得到再给合同加码的最后机会。不愉快的情绪显而易见。

在古德温看来，一切行为都出于诚信和善意，他一直认为詹姆斯会和锐步签约。和希望用一份报价震撼詹姆斯、速战速决达成协议的音乐圈前高管斯托特一样，古德温从未见过有人能放弃这么多钱，更别提一个青少年了。归根结底，古德温满足了客户的要求：让耐克尽量拿出更多的钱。实际上最终数字确实超过了奈特之前认同的标准，这使得耐克的高管在向他报告最终数字时有点儿担心。飞机落地后，奈特接通了电话，因为赢得这场争夺战而兴奋异常的他压根儿没提金额超标这件事。

从长远角度来看，获得特许授权收入后，詹姆斯在这份合同上的收益将远高于最初的数额，他的总收入超过了1亿美元。之前有一些媒体曾报道称合同价值9 000万美元，所以合同公开后不仅吸引了大量篮球媒体的关注，而且成为当日新闻节目和全美报纸热议的话题。由于金额过于惊人，这份合同甚至成了文化现象，很多新闻节目的评论员和报纸的评论栏目，都对此进行了评论。这件事在NBA球员间也引起了反响，詹姆斯成了除乔丹外收入最高的球鞋代言人，他的合同金额是科比新合同的两倍多，而科比是联盟当时的头牌球星之一。

第二天，锐步的股价开始下跌，那周曾有消息称锐步开价最高且胜券在握。锐步认为他们有必要发出公告，具体如下："尽管我们相信勒布朗·詹姆斯可以成为锐步的巨大资产，但与他签订长期合同所要付出的成本超过了我们的投资意愿。锐步最大的竞争对手拿出了更多的钱。经过认真考虑，从公司及股东的最大利益出发，锐步在最后时刻选择不追加报价……我们为锐步取得的成就感到骄傲，锐步近期无与伦比的成功给我们最大的对手带来了巨大压力，迫使他们承担了这一巨额成本。"

这件事真的太令人惊讶了，一家跨国公司因为没有和一名青少年签订赞助合同而不得不发出公告。但他们的公告并不符合事实：锐步其实出了比 9 000 万美元更高的价。当看到那些不甚准确的报道称耐克的合同价值 9 000 万美元时，锐步的高管就清楚了这一点。不管怎么说，他们和耐克掰了掰手腕。

接下来的几年，詹姆斯和耐克的合作经历了起起伏伏，但总的来说，双方合作得很愉快。他们举办过几场极为重要的宣传活动，包括在克利夫兰的速贷球馆外立起成为詹姆斯职业生涯标志的两块巨型广告牌。詹姆斯尤其喜欢第一块广告牌，这块写有“我们都是见证者”的广告牌上有他的黑白照片，还露出了他腿上的“见证者”文身。双方在这次合作中都赚到了不少钱，詹姆斯的总收入达到数亿美元。

那时，詹姆斯给了耐克相当程度的信任。他信任耐克，即便职业生涯早期出现过挣扎，耐克也会支持自己；他信任耐克，会将自己和其他众多运动员放在一起宣传；他信任耐克，制造出来的球鞋不仅好看、备受青睐，而且自己会喜欢穿；他信任耐克，会让自己参演能名垂青史的广告片，就像耐克对待乔丹那样。

简而言之，詹姆斯这个总爱反戴棒球帽、讲不着调笑话、喜欢和朋友一起胡闹的青少年，必须为长远打算。不是因为人们告诉他这一切很重要，而是因为他自己觉察到这一切很重要。这种情况在 18 岁的年轻人身上并不常见。对于一个即将成为有钱人的青少年，抽时间思考合同结束时甚至职业生涯结束时自己的境遇，这本身就是极大的考验。

没错，詹姆斯选择耐克，是因为他喜欢这家公司，觉得这家公司很酷；是因为他从小看着乔丹穿耐克，他特别想和自己的偶像一样；是因为他相信耐克会让自己参演好看的广告片，为他设计值得纪念的宣传活动；是因为他认为耐克能拿出最好的球鞋设计。但在那个重要的时刻，詹姆斯选择耐克，是因为他更看重自己能留下什么精神资产，而不只是想尽办法赚更多的钱。

詹姆斯在这个过程中展现出的个人价值体系和本能，为他在日后的职业生涯中做出的众多商业决定奠定了基础。

几年后，锐步被阿迪达斯收购；又过了几年，锐步篮球部门被缩编到公司有史以来的最小规模。詹姆斯更在意的是自己能留下什么，而非某些公司做了什么推销活动。真相往往被淹没在细节中，人们记住的只有金钱，可精神资产也许才是整件事最具意义的因素。当然，由联邦快递送来的 1 000 万美元支票也是很重要的因素。

詹姆斯在 2018 年时曾说："和耐克签约，是我做过的最好的商业决定。"

LEBRON, INC.

第二部分

有限公司

LEBRON, INC.

第 3 章

开疆拓土，四骑士组建 LRMR

LEBRON, INC.

商业思考

1. 想要开拓自己的帝国，就必须走出舒适区。
2. 记住：成为一个品牌的员工与成为一个品牌的股东有着关键区别。
3. 别去嫉妒没能获得的同等收益，要抓住机会从中学习。
4. 选择优质的合作伙伴，跟能长期合作的公司签约。
5. 押注一家年轻的公司有可能获得极高的回报。
6. 寻找下一个热门品牌难度很大，可这样的机会永远存在，也值得付出时间和精力去寻找。

关键决策

詹姆斯、米姆斯、卡特和里奇组建 LRMR。

财富结果

古德温敲定了一份为期 6 年的合同，在詹姆斯获得一些奖金后，合同的总金额超过 2 000 万美元。这份合同到期后，詹姆斯签了一份为期 8 年的续约合同，后来又再次续约。与可口可乐的合作让詹姆斯获得了超过 4 000 万美元的收入，而且未来只会更多。

第一双签名球鞋

音乐的声音太大了，大到观众几乎听不到临时舞台上对着麦克风大声说话的主持人在说什么。不断转动的彩色灯光打在墙上，穿着性感的姑娘们在场地上来回走动，有一个姑娘将 T 恤下摆向上拉起打结，展现了詹姆斯耐克服装的别样穿法，这件 T 恤的前胸位置印有“皇帝”字样。

那是 2003 年 12 月中旬费城北部的一个夜晚。费城著名的布罗德大街上的一家大型鞋店被改造成舞台，耐克选择在这个时间和地点，推出了 Zoom Generation 球鞋，这是詹姆斯的第一双签名球鞋。现场的活动安排显得很细碎，焦点也不够集中，充满噪声的、光线昏暗的现场让人难以真正理解这个活动的意义。冬天的一个周二晚上，耐克选择在费城举办这场活动，从某种程度上而言，是在向当时“统治”费城的锐步和艾弗森发出一个诡异的信号。

这是詹姆斯与耐克合作的最初几年中具有象征意义的时刻。詹姆斯为自己的人生制订了计划，他不仅是一名篮球运动员，而且他还要把自己打造成一个品牌。詹姆斯受到了大量关注，他为此感到兴奋，他获得了丰厚的收入，具体的过程却充满了波澜。

为可口可乐代言，选择优质的合作伙伴

与耐克签约巨额合同后，经纪人古德温和詹姆斯将注意力转移到了饮料代言合同上。这是非常标准的商业流程：对明星高尔夫球运动员来说，他们会得到球杆和高尔夫球合同，而篮球明星得到的则是球鞋和饮料合同。和签球鞋赞助合同时一样，多家公司对詹姆斯展开了竞争，行业中的两大巨头，百事可乐和可口可乐，都有兴趣让詹姆斯成为代言人。

乔丹长年担任百事可乐及其旗下品牌佳得乐的代言人，佳得乐在20世纪90年代中期推出了著名广告：像乔丹一样。佳得乐也和NBA长年保持联系，是NBA官方运动饮料赞助商。NBA赛场边的每一条板凳上、球员坐在边线喝水时用的每一个杯子上都印着佳得乐商标。

可口可乐与NBA也有合作协议，他们的雪碧是NBA的官方指定汽水。可口可乐的受众主要是小孩和年轻人，这会让詹姆斯变得更

具吸引力。顺便一提，可口可乐与 NBA 的标志性合作是全明星周末期间由雪碧冠名扣篮大赛。

这场争夺战中还有一个参与者，那就是总部位于纽约皇后区的酷乐仕（Glacéau），这家公司生产名为 VitaminWater 的饮料。2003 年时，酷乐仕只是一个成立仅 3 年的新品牌，但发展势头非常迅猛。酷乐仕的年销售额超过 1 亿美元，这个成绩虽然相当出色，但和百事可乐及可口可乐旗下最小的品牌相比也相形见绌。简而言之，酷乐仕无法拿出和死对头一样的资金用于签约代言人。这家年轻的公司将 VitaminWater 摆在纽约地区的健康食品市场和熟食店里，他们需要外界的帮助，以便突破自身小众健康产品的形象。酷乐仕梦想得到詹姆斯的帮助，但梦想成真的可能性很小。

酷乐仕没有提出大额保障金合同，相反，他们向詹姆斯提供了自己能够给出的东西：公司的一部分股权。如果詹姆斯愿意成为代言人帮助品牌成长，日后他就有可能获得更多的回报。酷乐仕相信“影响者营销”的力量，公司已经与当时纽约地区最具人气的年轻运动员、纽约喷气机队的大卫·莱特（David Wright）达成了协议。成为代言人后，莱特获得了 VitaminWater 0.5% 的股权。酷乐仕有意让詹姆斯也成为这样的合作者，尽管最终协议从未得到全面协商，但酷乐仕向詹姆斯开出的报价远高于莱特。

耐克合同证明，詹姆斯已经站在了运动员赞助领域的顶峰。古德温希望严格挑选候选赞助商，而詹姆斯也明确表示，他想跟能长期合作的公司签约，同时希望推销自己会真正使用的产品。他穿耐克的装备，喝佳得乐和雪碧，但他不喝 VitaminWater。尽管 VitaminWater 已经是第二大甜味饮料品牌，但其规模仍然只有百事可乐旗下竞品 Propel 的一半左右。VitaminWater 的发展前景似乎很光明，但最终命运并不明朗。在一个事后被证明颇具启发性意义的时刻，詹姆斯礼貌地拒绝了 VitaminWater 的报价。

为了赢得詹姆斯的协议，可口可乐开出了公司有史以来为运动员开出的最高价，它提出的一个营销方案也打破了公司长年不变的运营方式：公司愿意让詹姆斯成为雪碧和爆锐燃力（Powerade）两个品牌的代言人。爆锐燃力是可口可乐旗下的运动饮料，也是佳得乐的竞争对手。见面之初，可口可乐就提出了一系列市场营销计划，他们不仅会大力宣传詹姆斯的第一场比赛，而且分别提出了两个品牌的长期营销方案。由于科比在科罗拉多面临性侵指控，可口可乐放弃了科比这个主要的 NBA 代言人，这对詹姆斯来说是有利的。为了达成协议，可口可乐邀请詹姆斯来到位于亚特兰大的公司总部，并在礼堂举办了一场集会，集会上有一半观众穿着代表雪碧的绿色衣服，另一半则穿着代表爆锐燃力的蓝色衣服。

不管 VitaminWater 提出了怎样的报价，这样一场来自世界领先品牌的宣讲活动显然更为诱人。古德温敲定了一份为期 6 年的合同，在詹姆斯获得一些奖金后，合同的总金额超过 2 000 万美元。这份合同到期后，詹姆斯又签了一份为期 8 年的续约合同，后来又再次续约。与可口可乐的合作让詹姆斯获得了超过 4 000 万美元的收入，而且未来只会更多。和与耐克的合作一样，詹姆斯做出了明智的长期选择，他选择了优质的合作伙伴，并在日后获得了更大的收益。

詹姆斯的第一则电视广告就是雪碧，他在片中扮演了一个搞笑的角色：假装痛苦地扭着脖子，实际只是在脑袋后挤压一个空雪碧瓶并发出声音，以此吓唬朋友。詹姆斯的朋友里奇·保罗也出演了这则广告，直到今天，那仍是詹姆斯最让人印象深刻的广告之一。

当詹姆斯多次拒绝参加扣篮大赛这个由雪碧冠名赞助且迫切希望他参加的比赛时，他和可口可乐的合作确实遇到了一些问题。特别是在詹姆斯的新秀赛季，全明星周末在洛杉矶举办时，这个矛盾变得尤为突出。从一开始，詹姆斯就告诉可口可乐的高管，他认为自己更适合在比赛中扣篮，而非在扣篮大赛中打出优秀表现。

詹姆斯对扣篮大赛的看法，可能与高四那年在麦当劳全美明星赛期间参加扣篮大赛有关。詹姆斯赢得了比赛，但结果并不完美：日后在骑士队成为他队友的、拥有出色弹跳能力的香农·布朗（Shannon Brown）表现得比他更好。可这场比赛是在克利夫兰进行的，评委给了他“主场加分”。而在洛杉矶参加扣篮大赛，他不仅没有主场优势，还要面对球迷的巨大期望。

雪碧和古德温极力劝说詹姆斯重新考虑，他们还提出了一个很不错的宣传方案：让全美各地的球迷签署要求詹姆斯参加扣篮大赛的请愿书。但作为新秀的詹姆斯拒绝了，而且在之后的每一年他都选择了拒绝。尽管如此，他和可口可乐的合作关系还是持续了下去。

学习的机会，一个品牌的员工与股东间的区别

至于 VitaminWater，被詹姆斯拒绝几个月后，酷乐仕与说唱歌手 50 Cent 达成了一份重要的赞助合同。酷乐仕注意到 50 Cent 在一段影片中喝的是他们的产品，由此推动了合作。双方最终达成协议，让 50 Cent 成为公司的股权合伙人，而酷乐仕当初也为詹姆斯开出过这样的条件。

3 年后，由于 50 Cent 推出的个人定制口味 Formula 50 帮助公司实现了增长，可口可乐最终以超过 40 亿美元的价格收购了 VitaminWater。

酷乐仕是一家私人公司，因而公司的股权记录是保密的，但有报道称，当 50 Cent 根据协议卖掉自己的那部分股权时，他的收入

在6 000万到1亿美元之间。莱特也赚到了数百万美元。与此同时，2005年詹姆斯出演了一个VitaminWater的广告，在广告中他扮演了一名辩护律师，因为喝了VitaminWater而变得思路更加清晰。在代言爆锐燃力一段时间后，可口可乐安排詹姆斯代言了另一款产品。

值得注意的是，50 Cent和詹姆斯的情况明显不同。可口可乐和百事可乐没有竞相追逐过50 Cent，这位说唱歌手也未曾拒绝百万美元转而押注一家小公司，但他愿意将自身名誉和一个品牌联系在一起，并最终赢得了无与伦比的回报。

对詹姆斯来说，没能获得同等收益并不会让他嫉妒（50 Cent后来申请了个人破产），对他来说那只是一次学习的机会。那时，还是青少年的詹姆斯享受着成为某品牌代言人的同时还能获得百万收入的感觉。即便酷乐仕当初没有向他伸出橄榄枝，发生在VitaminWater和50 Cent身上的事对詹姆斯来说也将是一个有趣的案例。这是关于成为一个品牌的员工和成为其股东之间有何区别的一课。这个案例表明，冒险押注一家年轻的公司有可能获得极高的回报，尤其是当这家公司迫切渴望与詹姆斯的声望相伴，并愿意为此放弃可能极具价值潜力的股份时。

从某种程度上说，詹姆斯是耐克品牌的“所有者”，在耐克拥有个人签名鞋的运动员一般会得到销售总额的5%作为特许授权费用。

在球鞋合同中，詹姆斯有一些肯定会得到的收入，比如从 2003 年开始，即便没有卖出一双鞋，詹姆斯每年也会从耐克得到 1 100 万美元。当产品的销售总额超过保证数量时，运动员就能获得额外收入。假如詹姆斯在耐克初创期获得了 5% 的股份，那将会是完全不同的一番景象。当然，寻找下一个热门品牌（比如 VitaminWater）难度很大，可这样的机会永远存在，也值得人们付出时间和精力去寻找。

四骑士就位

这是詹姆斯在过完 20 岁生日后产生的顿悟之一。在骑士队安顿下来后，詹姆斯的好友们也开始围绕着他逐一就位。按照计划，耐克为卡特在詹姆斯的产品部门安排了一份全职工作，收入为可观的 6 位数。

和詹姆斯的代理父亲杰克逊关系密切的兰迪・米姆斯曾在杰克逊入狱后对詹姆斯一家伸出援手，他逐渐成为詹姆斯的得力助手。米姆斯比詹姆斯大 10 岁，尽管平时很安静，但了解他的人都很喜欢他的幽默感，他在詹姆斯成立的皇帝詹姆斯公司（King James Inc.）中担任“客场经理”（road manager）。从本质上说，米姆斯的工作就是确保詹姆斯在客场比赛或在外旅行时能获得所需的物品。有时安顿好詹姆斯后，米姆斯会离开球馆，乘坐航班前往下一座城市，几小时后再与球队会合。最终，骑士队决定让米姆斯搭乘球队包机。2005 年，骑士队为米姆斯提供了一份全职工作，头衔为“球员联络官”（player liaison）。

詹姆斯读高中时，里奇 · 保罗在阿克伦 - 坎顿机场与他见了第一面，詹姆斯很喜欢保罗穿的沃伦 · 穆恩（Warren Moon）高端复古球衣。比詹姆斯大 4 岁的保罗做了点儿复古球衣的小生意，这在当年很是流行。保罗会坐飞机前往亚特兰大，找一个认识的供应商进货，将球衣带回家后在自己的卡车里出售。詹姆斯非常喜欢复古球衣。

高中时，因为接受了两件免费的复古球衣，并作为交换条件在克利夫兰附近的一家商店拍了张照片，詹姆斯被禁赛一场。这个小型丑闻表明，高中体育管理机构根本不知道该如何应对詹姆斯的名气。

在这里，让我稍微离题一会儿：在詹姆斯斩获大笔收入的同时，就因为他接受了一点儿免费的东西而惩罚他，这种行为既短视又不体面。为了卖出更多的球票，詹姆斯的大部分比赛被移至规模更大的场馆进行，他所有的比赛球票全部售罄。高四那年，詹姆斯在克利夫兰冈德体育馆（如今的速贷球馆）进行的一场比赛的门票同样销售一空。那场比赛卖掉了超过 2 万张门票，而同年骑士队的上座率在整个 NBA 排名中垫底，场均只有不到 1.2 万人到场。詹姆斯的一些比赛在全美直播，其他比赛则在地方电视台播放，还有一些比赛是付费点播节目。

因为和阿迪达斯签有协议，詹姆斯穿上了免费的阿迪达斯球鞋和队服。这样一来，在他所有的电视镜头和照片上都能看到阿迪达斯的商标。赛事主办者自掏腰包，让詹姆斯和其球队飞往北卡罗来纳州、新泽西州、特拉华州和加州打比赛。这一切都被看成是正常的，但为了得到几件免费的球衣而让那个商店老板把詹姆斯的照片挂在墙上，却被视为禁忌。

禁赛决定做出没几天，詹姆斯就聘请了克利夫兰最优秀的律师之一为自己辩护，并很快赢得诉讼，因此在禁赛一场后，他的比赛资格就恢复了。运动协会的规则无法对抗詹姆斯这个级别的人物，连法学院一年级的学生都明白这一点。这件事甚至不完全是运动协会的错：太多学校满怀嫉妒地提出投诉，多到运动协会只能举手投降，做出处罚决定。

在那之前，俄亥俄体育主管部门做过一次调查，以了解詹姆斯是如何得到一辆定制版的、价格可能超过 7 万美元的全新悍马 H2 汽车的。他们很快发现，有一家银行急切地表示愿意向格洛丽亚发放合法的购车贷款。考虑到她的儿子几个月后几乎确定会成为百万富翁，而且需要一个存钱的地方，这家银行将格洛丽亚看作“安全的风险”。

银行家们显然比学校主管更有眼光，更能认清现实。不过，这个话题就此打住。

让我们回到正题。那天在机场，詹姆斯告诉保罗，他非常想要两件队服：一件“魔术师”约翰逊（Magic Johnson）的金色复古队服，一件乔·纳马斯（Joe Namath）效力洛杉矶公羊队时的复古队服。保罗只用了几天时间就找到了这两件队服，这笔交易最终成为一段长久友谊的起点。保罗相信，那天穿上穆恩复古球衣的选择改变了自己的人生。要知道，他原本想穿的只是一件马球衫。

保罗成为皇帝詹姆斯公司的第二名员工。保罗出身于克利夫兰一个环境艰苦的社区，但他上的是一所私立天主教高中，这让他成了学校里的少数派，他和詹姆斯在多个层面产生了共鸣。保罗的工作之一是策划有詹姆斯出席的营利性派对，2000—2005 年，这种派对在 NBA 形成了小作坊式的产业。像詹姆斯这样的球员，出席一次活动就能得到上万美元的收入，活动组织者会向那些只想和明星球员出现在同一个派对上的客人收取高额入场费。想进入贵宾区，也就是真正有名人的地方，费用就更高了。当骑士队没有比赛时，甚至有时在球队前往客场打完比赛后，詹姆斯开始在诸如纽约、洛杉矶、迈阿密和华盛顿这样的大城市出席这些派对。年满 21 岁后，他得以在高端夜店举办这类派对。

和这些友人在一起时，詹姆斯觉得很安心。他们都很年轻，也非常忠诚，詹姆斯对他们极为信任。有一件事是肯定的：他们都在赚钱。他们开始自称“四骑士”。为了强化这个绰号，他们开始定制服装与珠宝，以表达、纪念彼此的关系。卡特和保罗经常坐在场边席观看詹姆斯比赛，客场比赛时有他们陪伴，詹姆斯也显得很自在。

与耐克达成协议、获得签约奖金后不久，詹姆斯花了大约 100 万美元在阿克伦城外置办了房产。他想有一个属于自己的地方，一个可以和朋友们一起玩腰旗橄榄球的橄榄球场地。詹姆斯的要求得到了满足，但日后他拆掉了这栋房子，并在原地重建了一栋更大的。除此之外，詹姆斯还在克利夫兰的一栋高档大厦里租了一套公寓，以便在自己不想开 45 分钟车回家，以及在比赛日时能有一个歇脚的地方。他因此和威廉·韦斯利住在了同一栋楼，后者在克利夫兰继续陪伴着瓦格纳。

韦斯利没能帮助锐步签下詹姆斯，但两人的关系并未走向终点。准确地说，锐步那件事更像是两人关系的起点。韦斯利一直扮演着帮助年轻球员们适应 NBA 的角色，现在，他开始为詹姆斯及其朋友们做同样的事。耐克买了骑士队板凳席旁边的 4 张内场票，奈特坐在那里观看了詹姆斯的第一场主场比赛。梅里特在克利夫兰时也会坐在那里，但大部分时候坐在那里的人是韦斯利。几个月前他确实在和锐步合作，可他是一名终极自由代理人。他在不同机构间不断转移，这取决于他要做什么工作，以及摆在他面前的是什么样的机会。

进入NBA的前两年，詹姆斯逐渐在场外的生活中感受到“成长的烦恼”。詹姆斯职业生涯第二个赛季的训练营期间，因为已交往多年的女朋友萨瓦娜·布林森（Savannah Brinson）为他生下了一个儿子，所以詹姆斯的人生发生了改变。他给儿子起名小勒布朗。当时骑士队的训练营安排在哥伦布的首都大学，而萨瓦娜已过预产期，要在第二天生产。由于詹姆斯需要对将要错过训练做出解释，球队便安排我在一次晚训结束后在露天看台下采访他。

“我没有父亲，”那天晚上詹姆斯说，“我会保证让我儿子得到我不曾拥有的一切。”

几年后，詹姆斯说他后悔给长子起了和自己一样的名字，因为这会给孩子带去太多压力，这正是詹姆斯的人生观在这些年里不断调整、成熟的表现。可在2004年10月的那个晚上，给儿子起名小勒布朗对他有着重要意义。尽管如此，那仍是调整时期，詹姆斯脑中思考的一件事，就是如何运作自己的商业帝国。

更换经纪人，创立自己的事业

古德温和他身兼生意伙伴的哥哥埃里克·古德温（Eric Goodwin）携手帮助詹姆斯打造出了价值近1.5亿美元的赞助业务。除了耐克、可口可乐和Upper Deck，他们还与吉百利史威士公司（Cadbury Schweppes）达成了500万美元的协议，推销公司旗下的Bubblicious口香糖，詹姆斯因此参演了人生中第一个超级碗广告。这已然是现役NBA球员拥有的最惊人的投资组合了，显然也是历史上青少年球员取得过的最大成就。《体育画报》对古德温进行了人物报道，他们让詹姆斯坐在沙发上，让古德温站在他身后拍了一张照片……所谓幕后之人。

2004年的NBA状元秀德怀特·霍华德（Dwight Howard）也决定选择古德温担任自己的经纪人。

另外，古德温有时也会显得咄咄逼人。作为一名经验丰富的资深经纪人，他在与年轻运动员合作时自然会有限制运动员身边的朋友、熟人参与商业运作的倾向。古德温不喜欢詹姆斯参与他的朋友们私下安排的生意，他制止了一些詹姆斯的朋友们过去能从中赚钱的营利性派对。

但詹姆斯的朋友们不觉得这有什么大不了的，如果他们去夜店放松，那么夜店通常也能因为他们的光顾而赚钱。有些网站会提醒用户，知名运动员和娱乐明星喜欢何时、去哪里参加派对，由此甚至形成了一套经济体系。四骑士发现了一个可供他们利用，或者至少能分一杯羹的创业窗口。詹姆斯绝不是唯一进入这个圈子的人，知名运动员向来抢手。

更重要的是，韦斯利围着自己的顶级客户转了那么长时间，这引起了古德温的警惕。韦斯利长年与经纪人罗斯保有密切联系，古德温怀疑韦斯利与詹姆斯及其核心小团体建立关系的背后有着不可告人的目的。在这里必须明确的一点是，这种情况在 NBA 球员之间的关系及球员和经纪人的关系中并不少见。这是一个凶险的世界，那些抱怨客户被挖走的经纪人通常也会挖走别人的客户。

有一次，古德温因一件事和这个小团体在多伦多爆发了冲突。古德温的另一个重点客户加里·佩顿（Gary Payton）在多伦多的一家夜店被捕，古德温怀疑佩顿是遭人陷害的，而佩顿事后也确实被判无罪。古德温不希望詹姆斯去夜店玩，但詹姆斯还是去了。

那段时间，韦斯利一直与詹姆斯、卡特、米姆斯和保罗保持交流，谈论他们能为其他运动员带去什么价值。韦斯利与 Jay-Z 的友谊也加深了詹姆斯与 Jay-Z 的联系。詹姆斯小时候的偶像是迈克尔·乔丹，可随着成年后不断成长、成熟，让詹姆斯真正产生共鸣的却是 Jay-Z。原因不仅包括他喜欢 Jay-Z 的音乐，还包括 Jay-Z 不断扩充自身品牌的方式。

Jay-Z 的品牌管理完全由他本人掌控，他会用直销的形式卖东西，从高端手表到啤酒，再到电脑，一应俱全，同时 Jay-Z 也在开创属于自己的生意。他有自己的唱片公司和服装生产线，后来还创建了体育经纪公司和音乐流媒体平台。Jay-Z 靠卖音乐成为百万富翁，却通过成为具有强大影响力的人、用自己的名字推销品牌成了亿万富翁。当 Jay-Z 时常出现在纽约和洛杉矶的场边观看比赛时，他和詹姆斯谈论的就是这些话题。韦斯利也经常在场，为詹姆斯朝这个方向发展提供帮助。

比赛场上，詹姆斯的职业生涯有着美好的开端。他在 2004 年赢得最佳新秀，又在职业生涯的第二个赛季就被球迷票选为全明星首发球员。电视上到处都是他的广告，他也成为全美直播比赛里的高人气球员。但他的球队还未取得成功，骑士队在詹姆斯职业生涯的前两个赛季均未打进季后赛。主教练保罗·西拉斯（Paul Silas）遭到解雇，不过球队一直在进步，整体局势正在朝好的方向发展。

随着个人的第二个赛季即将结束，卡特和詹姆斯开始讨论开设自己的市场营销公司会是怎样一番情形。成为音乐界的巨星后，Jay-Z 开始和其他艺术家展开合作。詹姆斯能做同样的事吗？

卡特花了两年时间在耐克学习如何做体育营销。梅里特不只是詹姆斯球鞋的品牌经理，他很快便成了卡特和詹姆斯的导师。梅里特在比弗顿向卡特敞开了大门。卡特本不过是一笔私下交易里的“花瓶式”员工，他得到的本该是一份附属性工作，但他的学习态度非常认真，所以他赢得了梅里特的尊重。作为公司内部最有实权的人物之一，梅里特帮助卡特在耐克获得了成长。尽管卡特没有从大学毕业，但他认为自己从“耐克大学”学到的东西堪比一张大学文凭。在后来的很多年里，卡特反复提到过这句话，并希望以此证明自己的资质。

一天晚上，在卡特妈妈位于阿克伦的家里聚会时，詹姆斯和卡特坐在一起设想出了一家新的公司。NBA 经纪人佣金的最高标准为球员合同金额的 4%，而且名气大的球星在签署大额合同时，经纪人的佣金通常也会减少一定比例。但在市场赞助合同方面，经纪人的佣金通常为 10% ～ 15%。这是一个很难进入的行业，想成为顶尖经纪人更是难上加难，可有詹姆斯作为客户，加上詹姆斯可以招募说服其他人加入，所以他们有机会做成大事。如何正确利用影响力获利，是詹姆斯已经学到的经验。

从表面上看，詹姆斯和卡特的计划大胆到近乎鲁莽：一个没有大学学位、只有有限二手经验的 25 岁年轻人管理价值数百万美元的资产，这听起来就让人觉得荒谬。作为从篮球运动员成功转型成商人的典范之一，“魔术师”约翰逊的一个原则就是不向和家人或朋友一起做生意的人投资。看起来，詹姆斯犯下了一个年轻人都会犯的典型错误。

尽管古德温对他和詹姆斯的关系抱有小心谨慎的态度，但在接到詹姆斯表示自己准备朝另一个方向发展的电话时，他还是感到很惊讶。这个消息也让我和詹姆斯身边的其他人措手不及。人们并不是不知道詹姆斯对自己的商业发展制订了宏大的计划，只是在这些成年人的眼中，这看起来是一个几乎做对了一切事的年轻人做出的错误选择。

认识卡特的人都喜欢他，他也赢得了生意伙伴的尊重，可成为詹姆斯篮球场外生意的代理人，并代表詹姆斯出席与《财富》500 强公司的会议或其他重大活动，这让人们不自觉地带着怀疑甚至嘲弄的眼光看待他。如果卡特等人的年龄再大一些，外界对他们的接纳程度也许会更高。对一名年轻的运动员来说，这似乎是不必要的风险。尽管有时会与詹姆斯之间出现矛盾，但总的来说，古德温向詹姆斯交上了相当优秀的答卷。我知道古德温在这些年里失去了不少大牌客户，如保罗·皮尔斯（Paul Pierce）和杰森·基德（Jason Kidd），后来他还失去了霍华德和超级巨星凯文·杜兰特（Kevin Durant）。在这个过程中，古德温帮助每个人都签下了巨额合同，但他过于强势的做法让客户们失去了耐心。尽管对球员来说更换经纪人是家常便饭，但詹姆斯的举动在当时还是引起了不小的轰动。

尽管最初闹得不太愉快，但在分手后，古德温和詹姆斯大体上保持着相当积极的关系。不管两人之间存在着怎样的小矛盾，那并不全是个人恩怨。不过古德温说对了一件事：如果詹姆斯未来想让卡特负责市场营销，那么詹姆斯仍将需要一个有资质的经纪人来负责篮球方面的合同。与古德温分开的一年后，詹姆斯获得了第一次续约合同的资格。最终，他聘请了韦斯利的长期搭档罗斯。韦斯利为詹姆斯提供了不少好建议和人脉，但他是个生意人，他做成了这笔生意。

这次重大操作被公开后，舆论反应非常严苛，特别是当詹姆斯和卡特都不知道该如何向媒体解释自己的计划时，局面开始变得雪上加霜。被媒体追问时，詹姆斯和卡特表示希望大家给他们几个月时间，然后再对计划做出解释。这种态度并无不妥，但无法遏制短期内公众对他们的激烈批评。暂定的公司名称“四骑士管理公司”同样反响不佳。这一切为媒体创造了狂欢的机会，詹姆斯被狠狠嘲讽，其尖酸刻薄程度之深，远超当时他在球场上收获的批评。

走出舒适区，组建 LRMR

HBO 电视台一年前开始播出的电视剧《明星伙伴》（*Entourage*），也让公众难以从积极角度看待詹姆斯的运作。这部电视剧的主角是一个年轻的好莱坞明星和他的 3 个朋友，剧情讲述了他们在利用明星的地位开辟自身发展道路过程中犯下的各种错误。这部电视剧一经上映就成为热门，媒体都在用四骑士对比《明星伙伴》里的角色。詹姆斯后来客串出演了这部电视剧，为这个话题画上了圆满的句号。这其中可能存在种族歧视的因素，很多上了年纪的白人记者及评论员对剧中的 4 个年轻人有能力运营复杂业务的剧情持批判态度。

一篇专栏文章里的一句话激怒了 4 个人很多年，那句话是这样的："几年后，当詹姆斯需要动膝盖手术时，他只能让水管工做这份工作。"类似的说法还有很多。

不过，也有一些受人尊重的人士站出来为詹姆斯的团队发声，其中一个就是瓦卡罗。离开阿迪达斯、加入锐步后的瓦卡罗愿意接受采访，他愿意为卡特发声，也愿意证明卡特具有足够的能力。和卡特打过交道的其他高管也愿意做同样的事。不论外界有着怎样的看法，卡特都给那些与自己有过真正交流的人留下了深刻印象。卡特不喜欢早上工作，他以晚睡而出名，而且不那么守时，这些都是年轻的表现。可到了谈生意的时候，卡特总是能证明自己的深思熟虑和谨慎。卡特不会给人留下及时行乐的感觉，他给出否定回答的频率比给出肯定回答的频率更高，即便在面对能自己赚钱的机会时，也是如此。仅凭这一点，就足以证明詹姆斯的选择不会像其他人想的那样落入俗套，但这些细节并没有被公之于众。

高中时，因为自己的某些决定而被批评时，詹姆斯不介意把眼光放得更为长远。之所以离开古德温，部分原因在于詹姆斯觉得自己到了一个瓶颈期，产生了停滞的感觉。他知道自己总能获得赞助合同，也总能推销产品，可他想继续开疆拓土。即便只有 20 岁，但詹姆斯知道，想要开拓自己的帝国，就必须走出舒适区。

“我知道，作为生意人，我必须成长，”詹姆斯表示，“所以，为什么不让身边的人跟我一起成长呢？我们都能看到自己犯下的错误，让我们共进退吧。”

经过几个月的策划，小团队推出了全新的公司名称：LRMR。这是勒布朗·詹姆斯、兰迪·米姆斯、马弗里克·卡特和里奇·保罗 4 个人名字的首字母缩写，他们还推出了好看的商标和满是华丽辞藻的精美网站。尽管除詹姆斯外他们还没有其他业务，可他们至少能以令人尊重的方式表达出对未来的设想。假如与古德温分手时就做好这些准备，他们受到的批评可能会大大减少，但这也是学习的一部分。他们在克利夫兰设了一间办公室，开始投入工作。

他们拥有的，并不只是一个品牌和漂亮的外观设计，他们制定了一个目标，这是一个既复杂又勇敢的目标，并且他们下定决心，一定要让这个目标实现。

LEBRON, INC.

第 4 章

追逐运动员，LRMR 的起步并不出色

LEBRON, INC.

商业思考

1. 如果没有条文能明确界定行为，就干脆无视规则。
2. 运营市场营销公司，让自己成为事实上的经纪人。

关键决策

在詹姆斯与卡特成为球员经纪人及赞助业务重量级玩家的计划中，勒布朗·詹姆斯技巧训练营起到了支柱性作用。但是，作为一家运动员营销公司，LRMR 无疑是失败的，它接连错失了德里克、沃尔等潜力新人。

勒布朗·詹姆斯技巧训练营，与年轻球员建立联系

大门上、椅子上，甚至更衣室外，到处都贴着禁止经纪人进入的标志，这是专属于业余球员的安全地带。坐在这些标志下，身为全职营销经纪人的卡特正在阿克伦大学的罗兹体育馆里津津有味地看着比赛。

罗兹体育馆并不起眼，它只是一座老旧且没什么魅力的多功能训练场，但对詹姆斯而言，这里算得上他的主场。高中时因为人气太高，学校小小的球场容纳不下那么多观众，所以他在这个场地打过很多场比赛。詹姆斯的第一任高中教练丹布罗特后来在阿克伦大学做过 13 年的主教练，他能确保詹姆斯随时可以使用这座体育馆。

21 世纪的头 10 年里，耐克每年 7 月都会在这座体育馆里开展勒布朗·詹姆斯技巧训练营。2006 年，耐克结束了在印第安纳波利斯举办了多年的、有顶尖高中生参加的全美训练营，取而代之的就是这个以詹姆斯为核心的训练营。在这里，詹姆斯将一个暑期活动变成了

备受瞩目的招募嘉年华。在詹姆斯与卡特成为球员经纪人及赞助业务重量级玩家的计划中，这个训练营起到了支柱性作用。

耐克邀请旗下 AAU 球队中的顶尖球员，以及全美各地在训练特定位置球员的训练营中表现突出的人参加詹姆斯的训练营。不过，另有一番操作为詹姆斯的训练营增添了更多价值。不少全美顶尖的大学球员受到邀请，在训练营中担任高中球员的“辅导员”。因此，在俄亥俄州的这座大学体育馆里，众多高中和大学篮球界的未来之星聚集在一起，并受到詹姆斯的款待。

这就奠定了训练营令人兴奋的竞争基调。训练结束、打过一些分组对抗赛后，大学篮球明星们会摘下辅导员的面具，打起野球赛，一些顶尖的高中球员也会参与其中。时机合适时，詹姆斯也会参与进来，和训练营中最优秀的球员交手。这种野球赛几乎不可能出现在其他任何场合，自然也留下了一些让人难忘的记忆。

2009 年，哈维尔大学的乔丹·克劳福德（Jordan Crawford）在詹姆斯的防守下完成了一次惊人的扣篮。对克劳福德来说，这是他的高光时刻，在随后一年的选秀中，他成为首轮新秀。当林恩·梅里特要求记录了这计扣篮的摄像团队交出视频时，这件事开始广为流传。耐克看起来好像是在保护詹姆斯免于尴尬。但很快，市面上又出现了另一个版本的视频，它同样记录了克劳福德那令人难忘的扣篮。

有一年，高中球员名单中有未来的全明星球员德玛尔·德罗赞（DeMar DeRozan）和德马库斯·考辛斯（DeMarcus Cousins），还有后来拿到了最佳新秀的泰瑞克·埃文斯（Tyreke Evans）。当时的大学生辅导员则包含后来进入职业联赛的泰·劳森（Ty Lawson）、韦斯利·马修斯（Wesley Matthews），以及双胞胎兄弟布鲁克·洛佩兹（Brook Lopez）和罗宾·洛佩兹（Robin Lopez）。还有一年，日后入选全明星的克莱·汤普森（Klay Thompson）、肯巴·沃克（Kemba Walker）及钱德勒·帕森斯（Chandler Parsons）成为辅导员，而有一名营员是后来的状元秀安东尼·戴维斯（Anthony Davis）。总之，那几年里，很多后来成为大学球星和 NBA 新秀的球员都参加过这个训练营。

这是一个会举办盛大宴会的顶级训练营，詹姆斯在这里有更多时间和年轻运动员交流。有时，他们还会在詹姆斯家里私下会面。训练营结束时，詹姆斯通常会与其中的一些顶尖球员成为朋友。等到这些年轻球员参加选秀时，他可能已经在自己的训练营见过他们两三次了。这都是耐克招募顶尖球员战略的组成部分，耐克希望以此来确保这些未来之星成为职业球员后能够与耐克签约。

但这也是詹姆斯、卡特、梅里特，甚至韦斯利参与的多阶段计划中的一环。事实上，这么做相当精明。团队利用年轻运动员对詹姆斯的喜爱，以及詹姆斯顶尖篮球运动员的地位，开辟出一条直抵球员的道路。这当然属于灰色地带，詹姆斯本质上就在运营市场营销公司，让自己成为事实上的经纪人，这种方式让詹姆斯得以自由接触所有的高中和大学球员。美国全国大学体育协会的规则可能表达得很含糊，有时甚至有些荒谬，但就算是这么复杂的规则体系，也没有条文能明确界定詹姆斯的做法。所以詹姆斯和LRMR选择干脆无视规则，而美国全国大学体育协会实际上采取的是睁一只眼闭一只眼的态度。

不少经纪人都在规避规则，想办法与年轻球员建立联系，现实中还存在着“跑腿人”文化，这些人为经纪人和理财师们通风报信，通常他们自己也会参与到招募球员的流程中。2018年，美国联邦政府起诉了阿迪达斯的一名前雇员，起因是其利用自身与大学教练的关系影响年轻球员的大学选择。涉入这起案件的是路易斯维尔大学，不过有多所大学被卷入了调查程序。这就是篮球世界的现实，詹姆斯现在选择走进去，并从这个世界中学习。LRMR、耐克和韦斯利携手接触业余球员的操作，如果从美国全国大学体育协会规则的角度来看，绝对算不上干净，可美国全国大学体育协会的规则并不是真实世界，每个人都明白这个道理。

完美状态下，事情应该按照以下流程进行：耐克确定潜力球员，让他们进入精英训练营；詹姆斯结识这些球员；这些球员进入职业联赛后选择LRMR为自己营销，选择里昂·罗斯担任经纪人，再和耐克签订赞助合同。这个流程的另一面也与韦斯利有关：理想状态下，球员会选择为约翰·卡利帕里（John Calipari）或其他与韦斯利有联系的大学教练打球。韦斯利与卡利帕里的关系尤为紧密。德胡安·瓦格纳在孟菲斯大学效力的那一年，韦斯利的挚友米尔特·瓦格纳也加入了卡利帕里的教练组，这只是那些年韦斯利众多互惠型合作关系中的案例之一。

埃文斯来自费城，那是韦斯利的势力范围。在埃文斯选择进入孟菲斯大学为卡利帕里打球，并最终与耐克签约的过程中，韦斯利起了作用。韦斯利的另一个“侄子”克里斯·道格拉斯－罗伯茨（Chris Douglas-Roberts）也是如此，他也参加了詹姆斯的训练营，并进入孟菲斯大学，聘请罗斯做自己的经纪人。韦斯利显然在把球员引向卡利帕里，可因为私下里的韦斯利是那么有魅力，以至于人们似乎根本不在乎他做了什么。《纽约时报》一度报道称，美国全国大学体育协会大十联盟总裁、美国全国大学体育协会前调查员吉姆·德拉尼（Jim Delany）曾经对韦斯利表示，希望他能将一些有价值的球员送到大十联盟的学校。考虑到美国全国大学体育协会的虚伪，这并不令人意外。总而言之，在这个隐晦的世界里，只有一件事是明确的：韦斯利一直在帮助年轻球员们适应这个世界，并尽可能地从中获利。

错失德里克，LRMR 开局不利

正当上述运作如火如荼地进行时，一个特殊案例引起了人们的关

注：芝加哥出现了一名才华横溢、身强力壮、速度奇快的控卫，他就是德里克·罗斯（Derrick Rose）。德里克拥有极高的天赋，耐克、韦斯利和卡利帕里都想将他收入囊中，LRMR 当然也想分一杯羹。德里克的哥哥雷吉·罗斯（Reggie Rose）为了保护弟弟，将大多数经纪人的跑腿人甚至大学教练隔绝于德里克的生活之外。但有一个人取得了突破，那就是韦斯利，因为和乔丹的私交为他在芝加哥赢得了很好的名声。果不其然，德里克最终进入了孟菲斯大学，和卡利帕里一起带领球队取得了 38 胜，但是在 2008 年美国全国大学体育协会举办的全国冠军赛中，他们遗憾败北。可所有成绩最后都因为德里克的 SAT 考试作弊而被取消。美国全国大学体育协会在这桩作弊事件中认定，德里克当年参加考试的地点被神奇地定在底特律，而参加考试的并非德里克本人。

耐克为雷吉提供了一份极好的工作，让他负责芝加哥的一个草根篮球项目。韦斯利在这当中发挥了神奇的作用。德里克在卡利帕里的指导下表现优秀，剑指状元秀，幸运的是，赢得状元签的正是他家乡的球队芝加哥公牛队。德里克最终签下了一份高达 8 位数的球鞋合同。各方围绕德里克布了这么多局，甚至不惜作弊，这丝毫不让人感到意外，毕竟，德里克是一只难得的潜力股。

可接下来出现了让人始料未及的一幕：德里克没有选择里昂·罗斯作为自己的经纪人，他选择了阿恩·特勒姆（Arn Tellem）。德里克也没有和耐克签约，而是接受了阿迪达斯开出的巨额合同，并很快成为其篮球产品的头牌。雷吉获得了阿迪达斯开出的 6 位数的咨询合同，阿迪达斯也同意为罗斯兄弟所在的芝加哥 AAU 球队提供资金支持。不用说，LRMR 当然没能成为德里克的营销经纪人。

从很多层面来看，这件事都称得上一场挫败，LRMR 开局不利。卡特确实协助詹姆斯敲定了一些赞助合同，其中一个合作对象是总部位于克利夫兰的除草机公司卡博·科德（Cub Cadet），后者也是骑士队最大的赞助商。虽说这也是百万美元的合同，但显然无法与古德温的成绩相提并论。影响力更大的是卡特与微软的协议。这次合作的第一个活动，是让詹姆斯短暂地出现在 Vista 操作系统的电视广告中，随后又推出了一个面向儿童的网站。2007 年全明星周末期间，微软在拉斯维加斯的一个社区中心以一场盛大的活动正式推出了这个网站。那是微软第一次与 NBA 球员合作，这似乎正符合卡特和詹姆斯所设想的创新型合作。

然而，这段合作关系发展得并不顺利，双方的合作最终走向了失败。达成协议的微软高管离职，微软在两年内结束了合作。LRMR 在那段时间里又签下两个客户，但两人都不是 NBA 球员。其中一人是 NFL 的外接手小泰德·吉恩（Ted Ginn Jr.），另一人是已经 59 岁的迈克·弗林特（Mike Flynt），弗林特因在西得克萨斯的一所小型大学打了一个赛季的大学橄榄球而成为名人。吉恩没能签下重磅赞助合同，对 NFL 中的非明星球员来说，签赞助合同的难度确实很大。LRMR 为弗林特制订了宏伟的计划，甚至还想拍一部电影。电影没有成真，但卡特最后还是帮弗林特出版了一本书，詹姆斯为这本书撰写了序言。

“我不喜欢和詹姆斯的跟班合作”

已经达成的协议也有问题，其中包括与耐克的协议。詹姆斯产品的表现并不是特别出色，其增长速度比耐克预期的慢。在一段时间里，耐克只有少量员工全职负责詹姆斯的品牌，但在 2007 年詹姆斯出人意料地带领骑士队打进总决赛，并引起巨大反响后，耐克为他的品牌增加了人手。在冲击总决赛之旅中，骑士队在东部决赛经过惊心动魄的鏖战掀翻了活塞队，其中包括一场双加时，詹姆斯在那场比赛里包揽了骑士队最后 30 分里的 29 分。

可 2008 年时，耐克的传奇球鞋设计师汀克·哈特菲尔德（Tinker Hatfield）决定中止与詹姆斯的合作，他说他受够了和詹姆斯身边的人打交道。哈特菲尔德一直是詹姆斯球鞋的主要设计者，但他选择离开詹姆斯，转而负责科比和乔丹品牌的产品。

“我不喜欢和詹姆斯的跟班合作，”哈特菲尔德 2010 年在一场鞋垫推广活动上表示，“他们人太多，有太多想法，提出了太多选择。”在几个月后的另一场活动中，哈特菲尔德说詹姆斯产品的设计“受到了一些损害”，产品也“不像科比的那么好”。

“和科比合作时，有一个人会跟着他一起参加讨论。科比有自己的想法，他非常清楚自己的需求，也很聪明，他知道做什么才能让自己成为更好的球员，”哈特菲尔德表示，“詹姆斯也非常优秀，我很喜欢他。可当他参加会议时，身边会有 8 个人各说各话。这就是詹姆斯的产品就算还不错，在我看来也不如科比或乔丹品牌的产品让人兴奋的原因之一。”

创意分歧在球鞋设计领域很常见，詹姆斯与耐克的合作也不乏高峰与低谷。有一年，前往俄勒冈参加与设计师的年度会议时，詹姆斯表达了对产品的不满。当时参加会议的奈特站在詹姆斯一边，对手下的一些员工发了脾气。还有一年，因为对当年签名鞋的性能极为不满，詹姆斯干脆不再穿新鞋，而是穿上了更舒服的旧款。不过，詹姆斯常会因耐克的设计和特殊配色而感到兴奋，比如圣诞特别版球鞋。

再次失利，LRMR 着手转型

2009 年发生的两件事，注定让詹姆斯的生意蒸蒸日上。其中一件是好莱坞经纪业务巨头创新艺人经纪公司（Creative Artists Agecy）决定进入体育代理行业。作为起步，创新艺人经纪公司收购了几家小型经纪公司，以便在主流运动界确立客户基础。里昂·罗斯的经纪公司在收购列表之中，他们的业务由此开始和大品牌产生联系。韦斯利后来也在创新艺人经纪公司做起了经纪人，成为教练的代理人。在韦斯利最初的一批客户中，有一个一点儿也不让人意外的名字，那就是卡利帕里。

另一件大事是，卡利帕里被聘为肯塔基大学篮球队的主教练，这让他立刻摇身一变，成为篮球世界中最具权势的主教练之一。作为全美顶尖大学篮球队的管理者，卡利帕里为詹姆斯和他的团队带来了大量机会。在利用这一优势方面，詹姆斯没有浪费一秒钟时间。

在卡利帕里执教肯塔基大学的第一个赛季前，詹姆斯受邀向肯塔基大学篮球队球员发表演讲。借此机会，他和几个参加过自己经营的训练营的球员重新建立起联系，其中包括考辛斯和一个来自北卡罗来纳州的极具天赋的大一新生约翰·沃尔（John Wall）。德里克·罗斯加入 NBA 的公牛队后，沃尔取而代之，不仅成为卡利帕里的控卫，而且成为众多经纪人渴望签下的新星。选秀预测顺位同样很高的考辛斯紧随其后，可只有沃尔这个活力十足、速度飞快的小个子，才最有机会签下超大额的球鞋合同，让经纪人获得数百万美元的佣金。眼睁睁地看着德里克从手指缝中溜走后，这一次耐克和詹姆斯加强了追逐力度，以确保签下沃尔这个未来的状元秀。

詹姆斯开始在媒体上公开赞扬沃尔，还穿着肯塔基大学篮球队的衣服观看比赛。那年的 1 月，他甚至专程飞往列克星敦，到现场观看了肯塔基大学战胜范德比尔特大学的比赛。比赛暂停时，他还在场上引领全场球迷一起欢呼。比赛结束后，詹姆斯去更衣室拜访了卡利帕里和肯塔基大学篮球队的球员。在普通人眼中，詹姆斯的这一举动不合常规。很多年来，詹姆斯一直和俄亥俄州立大学篮球队保持着密切联系。2007 年，俄亥俄州立大学成为第一所在队服上印上詹姆斯的个人耐克标志的大学。2009—2010 赛季，詹姆斯的签名球鞋也是俄亥俄州立大学的球队专属球鞋，球员们每场比赛都会穿着詹姆斯的签名球鞋上场比赛。

可詹姆斯还是穿着蓝白配色的衣服，来到肯塔基大学观看比赛，甚至在中场时跳起舞来。他这么做是为了支持卡利帕里，因为韦斯利的关系，他和卡利帕里成了朋友。可这一系列行为的根本原因，还是在于沃尔。詹姆斯希望沃尔成为自家营销公司的标志性年轻球员，而至于卡利帕里，如果德里克和沃尔都能成为状元秀，并签下巨额赞助合同，那么这将帮助詹姆斯继续吸引来自全美各地的顶尖高中球员加入肯塔基大学。耐克和韦斯利寻找的，正是这些高中潜力新人。

沃尔在那个赛季的表现非常出色，他的队友包括考辛斯、埃里克・布莱索（Eric Bledsoe）、帕特里克・帕特森（Patrick Patterson）和丹尼尔・奥顿（Daniel Orton）这些后来均进入 NBA 的球员。在众多好手的包围下，沃尔还是拿到了 17 分和 7 次助攻的场均数据。肯塔基大学篮球队在常规赛取得了35胜3负的成绩，但在美国全国大学体育协会举办的全国锦标赛里止步“精英八强”。和德里克一样，沃尔在那一年的选秀大会上当选状元，而詹姆斯和他的朋友、生意伙伴们在沃尔的业务上全部出局。沃尔放弃了詹姆斯和LRMR，选择聘请丹·费根（Dan Fegan）为经纪人；他也放弃了耐克，转而和锐步签下了5年期2 500万美元的合同。

卡特在几年后告诉我，他最大的错误之一，就是总想为其他运动员（如沃尔）当经纪人。这倒不是因为他签不到大牌篮球明星，而是因为他觉得那是在浪费时间。卡特以前短暂管理过NFL四分卫约翰尼·曼泽尔（Johnny Manziel）的业务，还帮助曼泽尔从耐克拿到了7位数的合同，但曼泽尔的职业生涯很快就因为他过度放纵、沉迷于享乐而终结。招募那些重量级明星时，卡特不得不参与多场竞争。首先，他必须证明自己能为詹姆斯以外的人争取到大额合同，而那时的卡特在业界名声有限；其次，卡特试图招募的运动员不确定自己能否得到卡特的优先考虑。遇到商业机会时，詹姆斯怎么可能不是卡特的首选？这些球员喜欢詹姆斯，也为能和詹姆斯成为朋友而开心，可到了需要做出如此重大的决定时，卡特反而处于不利地位。

作为一家运动员营销公司，LRMR无疑是失败的。可就在沃尔做出与其他经纪人签约的选择时，詹姆斯、卡特和里奇·保罗已开始着手转型。

LEBRON, INC.

第 5 章

制作纪录片，以盛大的方式进入传媒行业

LEBRON, INC.

商业思考

1. 把詹姆斯打造成全球偶像。
2. 看重自己拥有控制权和所有权的项目。
3. 向媒体开放采访机会的时机，可以与想要推广某些项目的时间点契合。

关键决策

卡特和詹姆斯成立了一家制片公司，并将其命名为斯普林希尔制片公司。

重大的决定

那不过是一张纸上的模板式文字，在洛约拉马利蒙大学为期一学期的纪录片课上，这是学生完成课题作业时必须提交的基础表格之一。2003 年春天的圣文森特－圣玛丽高中，一天放学后，克里斯托弗·贝尔曼（Kristopher Belman）让詹姆斯和他的几个朋友在体育馆外的一张办公桌上签下了这张表格。在贝尔曼看来，他只是在做能让教授满意的事。他完全不知道这些签名日后会产生多大价值，又会带给他多少权力。

贝尔曼是阿克伦人，比詹姆斯大几岁。小时候他和我都住在阿克伦西边的中产社区，我们两家只相距一个街区。我俩上的是同一所小学，但他年龄比我小，他爸爸有一年做过我的腰旗橄榄球队教练。虽说贝尔曼是忠实的体育迷，但他更喜欢拍电影，所以他选择去加州的电影学院读书。当我看到他头带黑色帽子、身穿一身黑衣服，并且拿着一台摄像机出现在詹姆斯比赛的场边拍摄时，我完全不知道是怎么回事，我有好几年没见过他了。贝尔曼当初读的不是圣文森特－圣玛丽高中，他去了圣文森特－圣玛丽高中的死对头沃尔什耶稣会高中。

贝尔曼在正确的时间出现在了正确的地点。詹姆斯高四那年，有太多人想接触他和他的球队，更不要提还有马什这位已在筹划拍摄百万美元纪录片的经纪人了，但球队在某种程度上不太愿意接受正规媒体的曝光。詹姆斯认为自己受到了*ESPN*杂志上一篇不太讨喜的文章的无端指责，并由此减少了一对一采访的数量。当全美各地媒体一窝蜂地跟踪报道高四那年他短暂遭到禁赛的经历时，詹姆斯和学校都受够了，他们开始拒绝几乎每一个采访要求。有意思的是，那个赛季对詹姆斯采访最深入的，是 CBS 电视台《早间秀》(*The Early Show*)的 NFL 名人堂成员戴恩·桑德斯(Deion Sanders)。

但贝尔曼有着中立的形象，他看上去是一个目的单纯的年轻人。贝尔曼向当时已成为球队主教练的乔伊斯提出了拍摄请求，并出人意料地得到了批准。乔伊斯拒绝了大多数职业媒体，却同意了贝尔曼这名大学生的请求。就这样，贝尔曼出现在球队大巴、酒店和更衣室里，记录着这支篮球史上最受瞩目的高中球队如何一路走向巅峰，这也是詹姆斯高中生涯的巅峰。如今再去回忆，那个赛季的最后几周其实让人很痛苦，詹姆斯不仅被禁赛，还涉及州冠军赛里一个充满争议的吹罚。

跟拍结束后，贝尔曼交出了一份相当出色的课题作业——他收获了其他人所没有的大量录像素材。课程结束很久之后，贝尔曼突然意识到自己掌握的资料极具价值，他也在思考该如何处理这些录像带。詹姆斯已经带着耐克的巨额合同进入NBA，走上了最佳新秀之路，并迅速成长为美国体育界最引人关注的运动员之一。所有主流媒体都对他进行过专题报道；公众对这个NBA新人充满好奇；地方报社都会在詹姆斯前往当地参加客场比赛前，派记者报道骑士队的比赛，以免落后于潮流。与此形成鲜明对比的是，大量未曾面世的比赛录像就这样静静地存放在贝尔曼位于洛杉矶国际机场附近的公寓里。

上下课途中，贝尔曼会听这些录像的音频。他反复观看录像，甚至到了能够清楚地记起其中对话的程度，他在脑海中设想过正片长度的分镜脚本。贝尔曼还没有拿到学位，可他掌握着这么多素材，只要他愿意，他可以把录像卖给HBO或ESPN电视台。假如他认识马什，他就会知道后者准备向詹姆斯提出百万美元的索赔，只因为他们没能拍到贝尔曼免费拍到的这些内容。直接卖掉这些录像，贝尔曼能得到一笔相当丰厚的收入，他可以按照自己的意愿处理这些录像，录像所有权毫无争议地归他所有。在处理这些录像的问题上，贝尔曼根本没有必要让詹姆斯或其他人参与进来。

但贝尔曼不想要钱。他想做一部真正的电影，让自己的名字出现在“导演”的位置上，他希望制作一部能让自己事业起飞的电影。贝尔曼开始寻找实现目标的机会。他参加了一个又一个会议，却反复遭到拒绝，没有一个制片人愿意为他执导的电影提供资金。很多人想从他手里购买录像，特别是当他们得知詹姆斯曾签字放弃录像所有权后，但没有人相信贝尔曼能做出一部电影。贝尔曼在一家咖啡馆工作，几年过去了，随着詹姆斯成为NBA巨星，人们对詹姆斯高中时代的兴趣也日渐消散。

4年后的2007年，贝尔曼离开学校，成为挣扎于洛杉矶的众多艺术家之一。他意识到，现在的自己需要曾经拥有但当时并不需要的一样东西：詹姆斯的参与。如果他能带着詹姆斯这个搭档去见制片人，那么将会改变一切。问题是，贝尔曼和詹姆斯没有任何关系，詹姆斯当然记得他，但拍摄这件事已经过去很久了。说实话，贝尔曼甚至不确定詹姆斯知不知道他的名字，过去詹姆斯总是叫他“摄影师”。

贝尔曼想出了一个能够重新吸引詹姆斯关注的主意：他把手里的录像剪成了一部11分钟长的短片，短片以夺得传说中的全国冠军这个高潮收尾，象征这支球队从上一个赛季输掉俄亥俄州冠军赛后实现轮回，终于取得了圆满的结果。其实这才是真正的故事，短片的重点并非詹姆斯的高四赛季，而是其他4个高四学生如何走出挫败的阴影。贝尔曼给包括罗密欧·特拉维斯（Romeo Travis）在内的詹姆斯的几个高中队友看了这部短片，他一直和特拉维斯及球队的其他人保持联系，但已经好几年没有联系过詹姆斯了。那年夏天，贝尔曼回阿克伦待了几天，他请特拉维斯帮他一个忙：能不能把短片拿给詹姆斯看看？

贝尔曼等了一周时间，什么也没有发生，他马上就要坐飞机返回洛杉矶了。一天晚上 11 点，贝尔曼在父母家里接到了特拉维斯的电话，后者让他去一个加油站见面。贝尔曼动身了，他不知道这次见面会有怎样的结果。见面后，特拉维斯告诉他，他们要去附近詹姆斯的家里，向詹姆斯展示这部短片。詹姆斯知道他们要去吗？特拉维斯回答说“不知道”。贝尔曼吓坏了：半夜不请自来地去詹姆斯家？他们不仅去了，还受到了詹姆斯的欢迎。看到短片后，詹姆斯既感动又兴奋，他看了好几遍，这个短片仿佛让他重返高中岁月。虽然只有 23 岁，但詹姆斯很喜欢这种怀旧的感觉。

几天后，詹姆斯前往洛杉矶，他是当年 ESPY 颁奖仪式的联合主持人，ESPY 是 ESPN 电视台每年在棒球季全明星期间举办的体育颁奖典礼。在典礼中，有人建议詹姆斯把短片做成真正的纪录片。颁奖仪式结束后不久，贝尔曼接到了卡特的电话，卡特想与贝尔曼合作一部完整的电影。贝尔曼自然提出了一个重要问题：他们愿意让贝尔曼做导演吗？答案是肯定的。贝尔曼之前没有出售这些录像的做法终于要为他带来回报了。那时的詹姆斯已经在 LRMR 做了两年尝试，他和卡特所看重的都是自己拥有部分控制权和所有权的项目，而这正是贝尔曼想要的结果。

“我永远不会忘记他们打来电话时的情形，”贝尔曼说，“我有一种感觉，他们想参与进来，而且我感觉他们愿意做任何能让这个项目取得成功的事情。”

当时所有参与者都还不知道，这个重大的决定日后成了詹姆斯改变自身商业生涯发展方向的原因之一。

成立斯普林希尔制片公司

詹姆斯和卡特想作为执行制片人来启动这个项目，他们首先需要成立一家制片公司。经过一番考虑，他们决定将公司命名为斯普林希尔制片公司（SpringHill Productions）。斯普林希尔是詹姆斯和他妈妈曾经住过的一个公租房社区，在那里他们终于有了一个安稳的家。高中时，詹姆斯曾快乐地住在斯普林希尔的一栋中层建筑里。当时还在集中精力打造 LRMR 市场营销业务的詹姆斯和卡特所不知道的是，斯普林希尔制片公司后来会成为他们极为重要的业务。

由于詹姆斯和他的前队友们愿意为了这个项目接受更多采访、提供更多背景信息，所以这部尘封多年的纪录片迅速成形了。他们找到了制片人小哈维·梅森（Harvey Mason Jr.），后者也很喜欢贝尔曼的短片，双方很快达成协议。梅森参与制作过电影《追梦女郎》

（*Dreamgirls*），他尤其擅长制作音乐电影。几年后，他还成为动画音乐电影《欢乐好声音》（*Sing*）的制片人之一。

与詹姆斯有私交的音乐人，如 Jay-Z 和 Drake，同意为纪录片创作原声音乐，这些音乐后来也成为纪录片的一大卖点。接下来，他们又有了出书的想法。几年前有过一部电影，讲述了 1966 年西得克萨斯大学篮球队和其主教练唐·哈斯金斯（Don Haskins）的故事。电影上映的同时，哈斯金斯出版了对应的自传。电影、图书配套推出虽然不算原创理念，但对篮球迷们来说是一个行得通的营销方法。

詹姆斯读过那本自传，他也很喜欢《胜利之光》（*Friday Night Lights*）。这本书讲述了得克萨斯州一个高中橄榄球队的故事，后来被改编成了电影和电视剧。LRMR 联系了《胜利之光》的作者巴兹·贝辛格（Buzz Bissinger），并聘请贝辛格参与撰写詹姆斯和他朋友们的高中故事。这本书将与贝尔曼的纪录片同时上市。

举办勒布朗峰会，寻找新的市场机会

对 LRMR 团队而言，这个机会出现得恰到好处，虽然尚未启动运动员经纪业务，但他们正在想办法为现有客户（也就是詹姆斯）拓宽业务范围。也就是在那个时候，LRMR 聘请了一家研究公司，来深入调研市场对詹姆斯的看法，尤其是了解詹姆斯的知名度。调研结果显示，詹姆斯在忠实篮球迷中拥有较高的知名度。毕竟，只要看 NBA 比赛，几乎就能看到他。即便电视台没有直播詹姆斯的比赛，赛间也很有可能播放他出演的广告。但在普通 NBA 球迷以及一般消费者中，詹姆斯的人气并不高。

“很多买詹姆斯球鞋的人都是他的球迷，” NPD 集团的体育服装行业分析师马特・鲍威尔（Matt Powell）表示，“他苦于无法突破，不能触达普通球迷。”

按照之前与耐克签订的合同，詹姆斯会在每年夏天到中国参加商业推广活动。中国的篮球市场正在蓬勃发展，仅从量的角度出发，中国对耐克这样的球鞋制造企业就具有非凡的意义。2005 年前后，人们对 2008 年北京奥运会的关注度越来越高。全世界的关注点，或者说对球鞋厂商而言可能更具重要意义的是，全中国年轻人的焦点都会集中在詹姆斯这样的明星运动员身上。在詹姆斯出色地结束了 2006—2007 赛季、人生中第一次打进总决赛后，卡特和他都认为，他即将迎来人气的大幅飙升。他们希望寻找并开发新的市场机会，并因此赚得丰厚的收入。

他们的第一步是聘请了由 Jay-Z 和斯托特推荐的纽约宣传人员基斯・伊斯特布鲁克（Keith Estabrook）。伊斯特布鲁克在文学和时尚界颇有人脉，而这也正是詹姆斯和卡特希望其品牌得到拓展的新领域。

主持 ESPY 颁奖仪式时，詹姆斯以向鲍比·布朗（Bobby Brown）及其经典金曲《我的特权》（*My Prerogative*）致敬的歌舞开场，这只是推广活动的一小部分。詹姆斯随后主持了 2007 年《周六夜现场》（*Saturday Night Live*）的首播集，在节目中，他和常规演员比尔·哈德尔（Bill Hader）共同出演了一部篮球短剧。两人当时都没想到，几年后他们会合作一部电影。

詹姆斯还接受了《60 分钟》节目的深度采访，他的魅力征服了记者史蒂夫·克罗夫特（Steve Kroft）。在高中球馆里接受采访时，詹姆斯调皮地在半场以外出手投篮，球“嗖”地飞了出去，素来强硬严格的克罗夫特吃惊地看着球应声入筐，詹姆斯在一旁开玩笑说:“我是一条过，宝贝。”采访播出的那一周，CBS 电视台将这个镜头用于节目推广。

在这期间，LRMR 策划了一个被他们称为“勒布朗峰会”的年度活动，届时，为詹姆斯提供赞助的公司高管们将齐聚一堂，参加为期两天的会议，并展开公司级别的头脑风暴。虽然这是一个每年都会举办的活动，但显然不是一般运动员会办的活动。卡特在这里值得我们的掌声，这个想法确实颇具创新精神。而詹姆斯也具有足够的吸引力，他能在每年夏天吸引来自耐克、可口可乐、

Upper Deck、吉百利史威士、卡博·科德和微软的高管前往阿克伦开会。2007年，杜克大学篮球主教练迈克·沙舍夫斯基（Mike Krzyzewski）担任峰会揭幕晚宴的发言人，他因在2006年夏天担任美国队主教练而与詹姆斯相识。伊斯特布鲁克还安排了《财富》杂志的一名记者记录峰会的情况。

2008年北京奥运会前的18个月里，詹姆斯分别登上*GQ*、*Vogue*、《财富》和《男性健康》杂志的封面，以这样的方式不断扩大知名度。不管是乘坐私人飞机、在广告拍摄现场，还是在其他地方，都有记者采访詹姆斯。《广告时代》（*Advertising Age*）的一篇文章认为，LRMR的目标是在2008年奥运会结束时把詹姆斯打造成“全球偶像”。这是一个极具雄心的计划，况且整个团队还要与外界认为他们“不知深浅”的刻板印象抗争。但这就是他们的计划，他们会为之全力以赴。

非体育记者想了解的一般是詹姆斯和他的朋友们进行商业合作的方式。对明星运动员来说，这是一种非同寻常的叙事角度，它增加了文章的深度，这正是出版方想要的。詹姆斯和卡特在应对媒体方面很有经验，他们向媒体开放采访机会的时机，总是与作为年轻企业家的詹姆斯想要推广某些项目的时间点相契合。随着这些深度报道的发表，以及詹姆斯身穿西装的照片越来越常见，在公众心中，詹姆斯的棱角开始被磨平。卡特的名气越来越大，特别是在他希望为自己正名的金融界，人们对他的认知度越来越高。

这段时间唯一的重大失误，并非詹姆斯或卡特的错。2008 年春天，*Vogue* 宣布以詹姆斯为杂志封面，这件事曾被视作具有突破性意义。的确如此，因为詹姆斯将是第一个登上这本“时尚圣经”封面的非洲裔美国人。各方都很重视这次合作，均派出了顶尖工作人员，而负责为詹姆斯和名模吉赛尔·邦辰（Gisele Bündchen）拍照的则是著名摄影师安妮·莱博维茨（Annie Leibovitz）。后来重返阿克伦为詹姆斯拍摄《名利场》杂志照片的莱博维茨很喜欢与詹姆斯合作，她向 *Vogue* 的主编提议，从她为詹姆斯及邦辰拍摄的照片中选取詹姆斯的单人照作为封面。可杂志上架后，封面照片引发了巨大争议。

在被选作封面的照片中，大张着嘴的詹姆斯穿着黑色的无袖上衣和短裤，一手运球，一手搭在身着一袭绿色长裙、将头发撩到脑后的邦辰的细腰上。众多批评者认为，这是在模仿很多年前的电影里大猩猩金刚抓住金发女郎菲伊·雷（Fay Wray）的场景。一些人觉得这张照片冷漠麻木，还有一些人则干脆认为其中包含着种族歧视的意味。我不明白向来颇具时尚品位的詹姆斯为什么会身着篮球训练服登上世界知名的时尚杂志，从而浪费了大好机会。这张照片的创意，显然是想展现带有明显个人色彩的优秀运动员和迷人超模间的强烈对比，这样，詹姆斯穿的自然是运动服，而邦辰穿的是高档时装。在杂志内页的另一张照片上，詹姆斯和邦辰以优雅动人的姿势拥抱在一起。假如选择内页的这张照片做封面，应该会产生完全不同的反响。（在我看来，内页的照片更能反映莱博维茨的能力，但我的看法不重要。）可如果詹姆斯和他的团队追求的是曝光度，那 *Vogue* 杂志封面事件显然满足了他们的要求。

《不只是一场比赛》获得第二名

与此同时，经过多年的等待和运作，贝尔曼终于完成了纪录片。他们确定了《不只是一场比赛》这个片名，这反映出尽管聚焦于篮球和詹姆斯，但这更是关于 5 个青少年的友谊及人生挣扎经历的故事。詹姆斯在纪录片中占据的比例与其他人大体相当，这也是他愿意投入这个项目的原因之一。毫无疑问，詹姆斯是其中的明星，可就像他的球风一样，他喜欢分享。亲眼见证并记录了这一切的贝尔曼也认同詹姆斯的想法，假如有更大规模的公司掌控制作流程，并出于商业因素让纪录片更倾向于以詹姆斯为中心，那么这部纪录片可能根本不会存在。但从纪录片的角度而言，因为有着突出球员个人特点的大量原始影像以及坦诚的访谈，所以这部片子很好看。

当多伦多国际电影节，这个全球最具影响力的电影节之一，同意在开幕的周末上映这部纪录片后，片子的发行工作得到了极大的推动。2008 年 9 月初，詹姆斯的小团队飞往多伦多参加纪录片上映仪式，他们花了 5 年多的时间才走到这一步，现场人头攒动，纪录片大受欢迎。

放映结束后，现场观众起立鼓掌，有媒体报道称鼓掌时间长达数分钟。沐浴在掌声中的詹姆斯眼含热泪。“自从我们在八年级输掉全国冠军赛后，不管是因为篮球还是什么，这是我第一次哭，”詹姆斯在上映仪式结束后表示，“这是我真诚的感受。”

电影节的最高奖项“人民选择奖”被颁给了几个月后获得奥斯卡最佳影片奖的《贫民窟的百万富翁》（*Slumdog Millionaire*），紧随其后排在第二的就是《不只是一场比赛》。这些年来赢得“人民选择奖”的不乏《烈火战车》（*Chariots of Fire*）、《公主新娘》（*The Princess Bride*）、《闪亮的风采》（*Shine*）、《美国丽人》（*American Beauty*）、《国王的演讲》（*The King's Speech*）、《乌云背后的幸福线》（*Silver Linings Playbook*）和《为奴 12 年》（*12 Years a Slave*）等知名电影。

获得第二名具有重大意义，这本身就是一场胜利。詹姆斯团队中的每个人都很激动，因为那是他们自己的故事，更让他们激动的是，人们真的对片子感兴趣。很快，多家电影发行机构找上门来，希望购买发行权。很明显，詹姆斯和他的朋友们将会等来自己的纪录片在电影院上映的那一天。

“卡特的眼睛里闪着亮光，”贝尔曼回忆，“他知道这会让他们更上一层楼。”

贝尔曼说得没错。当詹姆斯和他的朋友们坐在卡特妈妈家的厨房里讨论自己的营销公司时，这部纪录片也许不在他们未来的计划中。当他们希望利用 2008 年的好机会将詹姆斯打造成全球偶像时，这部纪录片也没有进入他们的视线。可现实就这样不期而至，詹姆斯以如此盛大的方式进入传媒行业。

LEBRON, INC.

第三部分

股权投资

LEBRON, INC.

第 6 章

交易高手，利用名人效应创造投资机会

LEBRON, INC.

商业思考

1. 学会利用自身最大的资源来创造财富。
2. 一切的重点都在人脉、长线思考以及价值利用上。
3. 别去推销连自己都不相信的东西，也别投资自己不相信的标的。
4. 结识商业高手、构建新的合作关系、创建新的公司，这就是财富暴增的秘诀。
5. “真实性”是寻找商机时最重要的原则之一。可靠、可信的投资对象非常重要。

关键决策

瓦赫特通过自己的合作伙伴或人脉，为詹姆斯打开了高效利用自身名气和影响力的通道，这一运作手法后来被不断重复，并为詹姆斯带来了大量商业机会，让他获得了大笔收入。

财富结果

1. 投资坎农戴尔（Cannondale），詹姆斯的收益达到了 7 位数。
2. 苹果完成 Beats 收购时，詹姆斯的收入超过 5 000 万美元，这让 Beats 成为他人生中仅次于耐克的第二大业务。
3. 詹姆斯花 2 100 万美元在洛杉矶购置了房产。

詹姆斯最想合作的那种人

有那么一段时间，詹姆斯拥有整个 NBA 最快的运球速度。宽大的步幅和能够快速收缩的肌肉群，让他能极为高效地奔跑在球场的各个角落。可你真该看看机场里的他是什么样的。

在职业生涯初期，詹姆斯乘坐普通商务航班的情况并不少见。处理某些生意，以及跟随骑士队前往客场参加比赛时，他会乘坐私人飞机，但不会每次都选择私人飞机。每当不得不乘坐普通商务航班时，詹姆斯都有一套迅速通过航站楼的方法：他通常会戴上帽衫的帽子，低头快速行走。等到其他人反应过来时，他早已消失在人们的视线中，而这正是他的目的。

为了解决成为名人后带来这些不便的问题，詹姆斯联系上了杰西·伊兹勒（Jesse Itzler）。伊兹勒和他的搭档成立了一家名叫马奎斯喷气机（Marquis Jet）的公司，经营分时段出售私人飞机使用权的生意。对想乘坐私人飞机但又不想购买哪怕一小部分飞机所有权的职业运动员和名人们来说，伊兹勒提供的产品很有吸引力。通过与客户及潜在客户建立良好的关系，伊兹勒在职业生涯中逐渐变得富有，他将积极推销公司的产品视为人生第一要务。

有一次，伊兹勒在听说年轻的本·阿弗莱克（Ben Affleck）和马特·达蒙（Matt Damon）准备乘坐马奎斯喷气机公司的飞机后，立刻乘坐普通商务航班从纽约前往洛杉矶。伊兹勒及时赶到洛杉矶，和两个明星登上了同一架私人飞机，亲自向他们推销公司的服务。为了吸引好莱坞名流，伊兹勒还曾让电视剧《明星伙伴》的制片人免费乘坐飞机，以换取让自家产品在电视剧中亮相的机会，因为他很清楚这部剧在好莱坞圈内的影响力。

向 NBA 球员推销也是伊兹勒的营销手段之一，而且他创造性地用了不同寻常的方法。比如，马奎斯喷气机公司购买了新泽西篮网队和新泽西魔鬼队客队更衣室里的赞助展示权，这些广告唯一的目的就是吸引几十位每周出现在更衣室、前来参加客场比赛的百万富翁的注意。生活在纽约的伊兹勒多年来一直是 NBA 球迷，他短暂地当过一段时间歌手，代表作就是那首朗朗上口、在 20 世纪 90 年代成为尼克斯队主题曲的《加油纽约》（*Go NY Go*）。后来，他和创建了内衣品牌 Spanx 的妻子一起买下了亚特兰大老鹰队的部分股权。

当詹姆斯想要摆脱普通商务航班时，寻求伊兹勒和马奎斯喷气机公司的帮助就是解决方案之一。发展到后来，他们的关系早已不是最初的消费者和服务提供商这么简单了。伊兹勒、詹姆斯和卡特共同成立了一家公司，出售一种入口即化的能量条。不过伊兹勒和他的搭档肯尼·迪希特（Kenny Dichter）做的最重要的一件事，就是把詹姆斯和卡特引荐给了保罗·瓦赫特（Paul Wachter）。

这么说吧，尽管大部分时间身处幕后，瓦赫特却是詹姆斯商业生涯中对他影响最大的一股力量。有了瓦赫特这个交易高手当导师，詹姆斯开始尝试构建新的合作关系、创建新的公司，并因此为自己增加了数亿美元的资产。瓦赫特将詹姆斯和卡特带入娱乐圈，并告诉他们如何利用自身最大的资源（人气）来创造财富。从 2005 年开始，詹姆斯几乎每一个重大商业决定的背后，都或多或少有着瓦赫特的影子，甚至其中一些从头到尾都是瓦赫特的杰作。在詹姆斯的职业生涯中，这可以说是回报最为丰厚的一段人际关系。

詹姆斯曾明确表示，放弃锐步更高的报价，转而与耐克合作是他在人生中做出的最好的商业决定。选择瓦赫特做搭档的意义，可能与选择耐克的意义不相上下，这是詹姆斯经过认真思考后做出的不同寻常的明智选择。20 多岁的卡特和詹姆斯在进行了必要的调研后，选择了整个职业生涯与体育行业几乎从无关联的、50 多岁的瓦赫特，这是一个多么卓越的选择。

瓦赫特是典型的美国东海岸名人，他的资历极为出众：拥有沃顿商学院的MBA学位和哥伦比亚大学的法学学位；为联邦上诉法院的一名法官做过书记员，在纽约著名的保罗－韦斯－利夫康德－沃顿及加里森律师事务所做过税务律师；还在贝尔斯登及纽约的其他公司里做过投资银行的相关业务……瓦赫特也曾是很多大公司的董事会成员，参与过一些知名慈善机构的工作。

瓦赫特在1981年建立起的一段人际关系，为他的职业生涯带来了不同寻常的转变。为联邦上诉法院法官担任书记员期间，他与另一名书记员鲍比·施赖弗（Bobby Shriver）成了朋友，后者是美国政治家萨金特·施赖弗（Sargent Shriver）和世界特殊奥林匹克运动会创始人尤妮丝·肯尼迪·施赖弗（Eunice Kennedy Shriver）的儿子。瓦赫特后来又认识了鲍比的姐姐、年轻的电视记者玛利亚以及她长相英俊的健美运动员男朋友。这个操着一口奥地利口音、梦想成为好莱坞明星的男人名叫阿诺德·施瓦辛格。

施瓦辛格和瓦赫特很快成了好朋友，两人的共同兴趣不只是电影。施瓦辛格不仅对健美和娱乐行业有兴趣，也对做生意，尤其是房地产颇为关注。靠着赢下类似“宇宙先生”（Mr. Universe）这种健美大赛冠军的奖金，施瓦辛格在20世纪70年代末开始买入圣莫尼卡地区的公寓和大楼。当1982年因出演《野蛮人柯南》（*Conan the Barbarian*）而取得演艺事业的突破、成为家喻户晓的明星时，施瓦辛格已经靠投资拥有了百万美元的财富。

随着友谊的不断加深，施瓦辛格成了瓦赫特的客户。1997 年，施瓦辛格说服瓦赫特放弃了已从事 20 多年的工作，全职与自己合作。也就是在那时，瓦赫特在圣莫尼卡施瓦辛格的办公室旁边开设了“主街”顾问事务所（Main Street Advisors）。瓦赫特协助施瓦辛格达成的第一笔大生意，就是从新加坡航空公司购买了一架波音 747 飞机，然后再将这架飞机租借给新加坡航空公司。这是一种不同寻常却又极具创意的投资方式，具有施瓦辛格和瓦赫特合作的典型特征。2003 年施瓦辛格竞选加州州长期间，瓦赫特接受全权信托，帮助施瓦辛格和当时已成为他妻子的玛利亚管理资产。

瓦赫特和施瓦辛格的一项早期合作，就是投资了一家“好莱坞星球”电影主题连锁餐厅。尽管后来根据《美国破产法》中的规定，“好莱坞星球”申请了破产保护，但这笔投资的重要性在于其理念。和其他名人一样，施瓦辛格通过授权合作者使用自己的名字、参加宣传活动，以及提供一些纪念品而获得了股权。

在某个地方寻找一栋具有升值空间的房产，这种事不仅难度很大，而且风险很大。在地球另一端的一家公司拥有一架喷气式飞机，这种投资不仅复杂，而且风险极高。而交换随时可以提供给他人的事物（也就是自己的名字）并换取股权的做法，显然更具吸引力。对施瓦辛格来说，这就是“好莱坞星球”这笔投资的意义；而对瓦赫特来说，这对他日后做生意也颇具启发意义。

等到詹姆斯同意由瓦赫特帮自己处理业务时，瓦赫特已经拥有了一个规模虽小但成员非常显赫的客户群，这些人中包括 U2 乐队的主唱波诺（Bono）、传奇音乐制作人吉米·艾文（Jimmy Iovine），以及出品了热门剧《罗丝安妮》（*Roseanne*）和《考斯比秀》（*The Cosby Show*）的电视制片人汤姆·沃纳（Tom Werner）。重要的是，这些名人不仅与瓦赫特达成了合作，而且他们的合作已经持续了很多年。

只为少量客户服务是瓦赫特有意为之的选择，因为他想和客户保持长久且牢固的关系。这也是詹姆斯偏爱的方式，是他在起步时选择耐克和可口可乐的逻辑之一，更是他信任卡特的原因之一。詹姆斯希望形成可以长久维系的纽带，尽管瓦赫特与詹姆斯有着明显区别，可通过了解其背景经历以及对话交流，詹姆斯团队发现瓦赫特是一名非常谨慎且思维缜密的投资人。瓦赫特正是詹姆斯团队最想与之合作的那种人。

与巴菲特成为忘年交

与詹姆斯合作之初，瓦赫特做了一件事，那就是介绍詹姆斯与世界著名投资人巴菲特认识。瓦赫特与巴菲特的伯克希尔－哈撒韦公司有过业务往来，詹姆斯也有兴趣和人们口中的“奥马哈先知”见面。瓦赫特知道巴菲特喜欢和体育明星在一起，巴菲特和棒球明星亚力克斯·罗德里格斯（Alex Rodriguez）及橄榄球明星恩达姆孔·苏（Ndamukong Suh）是朋友。在瓦赫特的安排下，詹姆斯前往奥马哈和巴菲特见了面。（他们拍摄的一段两人见面的视频被巴菲特用在了那年的公司年度大会上。）两人一起吃了饭，讨论了投资策略，都甚是高兴。是瓦赫特促成了这次会面。

巴菲特 2009 年前往骑士队主场观看一场比赛时对我说“詹姆斯在处理球场外的生意方面很聪明”。巴菲特说：“他很清楚事情的轻重缓急，我希望自己在他那个年龄时也这么聪明。”

瓦赫特通过自己的合作伙伴或人脉，为詹姆斯打开了高效利用自身名气和影响力的通道，这一运作手法后来被不断重复，并为詹姆斯带来了大量商业机会，让他获得了大笔收入。有时是卡特或詹姆斯提出想法，有时则是瓦赫特提出商业建议，这段合作关系实打实地产生了效果。和 LRMR 那种不断尝试追逐运动员，希望成为他们的代理人从而赚取佣金的生意相比，与瓦赫特的合作显然更加成功，利润也更丰厚。实际上，这与詹姆斯的朋友们早年组织入场费几百美元的派对，从而收入几千美元的做法，并无本质区别。瓦赫特将这种操作提升到了亿万美元的级别，这种高度更符合詹姆斯的地位和名气。詹姆斯和卡特很快明白，找到合适的合作伙伴带来的满足感，远远高于只是简单地获得赞助收入所带来的满足感。

以上合作理念，也符合詹姆斯离开古德温、独立创业时的初衷：他想对自己的生意拥有更多控制权。这也符合瓦赫特在多年商业实践中总结出的经验，也就是说，获得股权以及利用名人效应创造投资机会具有重要意义。

第一笔大生意

说起来你可能不信，瓦赫特帮助詹姆斯确定的第一笔大生意和自行车有关。在 NBA 休赛的夏天，詹姆斯喜欢用骑自行车的方式保持身体状态。詹姆斯在阿克伦的家距离一个自然保护区不远，保护区沿着蜿蜒的凯霍加河而建，里面有长达数百公里的步道。有时，詹姆斯会和米姆斯一起，在保护区里骑几公里自行车。这让他在不对腿部造成更多磨损的情况下也能完成训练。

卡特和詹姆斯在讨论时认为，选择詹姆斯认为可靠、可信的投资对象非常重要。詹姆斯不想推销连自己都不相信的东西，因为那样做未来可能会给他带来麻烦。他也不想投资自己不相信的标的，而他相信骑行运动。詹姆斯成立了勒布朗·詹姆斯家庭基金会（LeBron

James Family Foundation），其宗旨是为家乡的孩子们提供帮助。这家基金会早期组织的主要活动之一，就是每年的“骑行马拉松”。在这个活动上，孩子们和詹姆斯及其他名人一起骑车环绕阿克伦，并以这种方式筹集资金。作为活动的一部分，勒布朗·詹姆斯家庭基金会向那些没有自行车的孩子捐赠自行车，以帮助他们锻炼身体。

卡特希望詹姆斯能与大型自行车制造商施温公司（Schwinn）建立合作关系，但与此同时，瓦赫特与一家名叫飞马资本顾问（Pegasus Capital Advisors）的私人股权投资公司搭上了线。在飞马持股的众多公司中，有一家名叫坎农戴尔的自行车公司。总部位于康涅狄格州的坎农戴尔是高端自行车生产企业，但因经济不景气而陷入挣扎。2003 年，飞马通过破产收购买下了坎农戴尔，到 2007 年时，坎农戴尔的经营状态出现转机，看起来似乎会有人愿意收购公司的股份。

凭借自己的人脉，瓦赫特为詹姆斯安排了买下坎农戴尔股份的机会，卡特也可以买下一小部分。但詹姆斯直到认真研究了这家公司，并且喜欢上公司的产品后，才最终做出投资决定。这笔投资成为全美新闻，公司的品牌知名度因而得到提升，这正是坎农戴尔和飞马希望詹姆斯这样的投资人带来的正面影响。卡特对公司的一些宣传营销活动提出了建议。这笔投资看起来毫无违和感，詹姆斯出了名地喜欢骑自行车，所以现在他买入自行车公司的股份合情合理。这是一次聪明却又让人意外的合作，也许没有购买波音 747 飞机听起来那么奇特，但从财务角度而言更为合理。

一年后，坎农戴尔被卖给了加拿大的一家企业集团。有消息称，飞马获得了接近 4 倍的投资收益，卡特的投资为他带来了 6 位数的回报，詹姆斯的收益达到了 7 位数。瓦赫特也拿到了提成，他又一次让参与合作的各方都心满意足。金融杂志《收购》（*Buyout*）将飞马与坎农戴尔的交易评为“年度最佳转向”（Turnaround of the Year）。另外，卡特还得到了一座奖杯以庆祝这项成就。

让坎农戴尔扭亏为盈，这样的投资回报令人着迷。詹姆斯做过比这大得多的生意，在经纪人里昂·罗斯的帮助下，他在 2006 年与骑士队签下了一份新合同，这让他在 NBA 赛季里每个月都能获得数百万美元的薪水。如今詹姆斯参与了真正吸引自己的生意，也取得了成果，而这些成果源自他和伙伴们亲自选中的为他们挑选商机的人。詹姆斯和卡特想复制这样的成功，并通过这种方式不断增加财富。

“真实性”原则，寻找商机最看重的因素

在寻求扩充业务范围的过程中，“真实性”成为卡特为詹姆斯寻找商机时最为看重的原则之一。如果没能通过这个初步测试，他们便

不会考虑。卡特告诉我，经常有人向他提出高达7位数的合同报价，但都因不符合上述标准而不值得拿去让詹姆斯考虑。卡特有时会向詹姆斯提起对方提出报价的来电，但詹姆斯对此毫不理会，甚至会向卡特要一款他刚刚尝过的红酒。如果一种产品具备"真实性"，他们就会想办法去说服消费者购买。

比如，在2014年，卡特注意到起亚汽车公司推出了一款零售价超过6万美元、与起亚一贯理念不符的豪华车型。起亚成为NBA的主要赞助商已接近10年，詹姆斯分别在2009年、2010年、2012年和2013年赢得常规赛最有价值球员（MVP），他也将作为奖品的4辆起亚汽车捐给了慈善机构。洛杉矶快船队明星球员布雷克·格里芬（Blake Griffin）是起亚这个韩国汽车品牌在美国的代言人，他拍摄了一系列巧妙且具有自嘲意味的广告，来推销起亚的中级轿车远舰（Optima）。2011年，格里芬在扣篮大赛的最后一扣中飞越一辆远舰并赢得扣篮大赛冠军，此番操作仿佛挖中了营销金矿。格里芬满脑子奇思妙想，讲冷笑话的能力也很强，他的一系列广告都很成功。

起亚的新车K900看上去更像宝马汽车，至少这也是起亚为这款车确定的卖点。卡特认为詹姆斯能推销这款车，在那之前，詹姆斯从没和主流汽车厂商合作过。不管怎么说，让身家百万的运动员推销非奢侈品牌总会给人以空洞和虚伪的感觉。泰格·伍兹和沙奎尔·奥尼尔（Shaquille O'Neal）都为别克汽车做过多年代言人，但效果并不理想。格里芬在这个问题上属于另类。

卡特通过 NBA 联系上了起亚，并弄到了一辆车让詹姆斯试驾。詹姆斯表示喜欢后，他和卡特找到起亚，有意达成一份营销协议。

为了让外界更多地关注品牌，詹姆斯甚至在合作协议公开前就在个人社交媒体上展现了自己驾驶起亚汽车的样子。起亚和詹姆斯一起拍摄了广告，以回应社交媒体上对他驾驶起亚汽车甚至高端起亚汽车的猜疑。他们还与 TNT 电视台达成协议，在电视台直播比赛时展示詹姆斯开着 K900 抵达球馆的样子，但不是所有人都相信这样的宣传。詹姆斯确实喜欢开法拉利和兰博基尼，大多数时候他会开着特别定制的奔驰车去参加比赛，但他确实喜欢起亚，对这个合作而言重要的是，詹姆斯需要尽可能地表达出对产品“真实的”喜爱。

正是这样的思考方式以及构建合作的方式，帮助瓦赫特创造了一段重要的关系。2008 年，瓦赫特牵线搭桥，介绍詹姆斯和自己非常重视的客户艾文认识。艾文是音乐界的传奇人物，他有一种神奇的能力：既能迎合明星，又能创造出优秀的成绩。与约翰・列侬（John Lennon）的合作让艾文踏入了音乐界的大门，并因在复活节当天去工作室与列侬一起工作而激怒了自己的家人。艾文曾经在长达数月的辛苦工作后，推出了布鲁斯・斯普林斯汀（Bruce Springsteen）颇具传奇意义的专辑《为跑而生》(*Born to Run*)。艾文还曾说服斯普林斯汀，把《因为这夜》

（*Because The Night*）这首歌交给帕蒂·史密斯（Patti Smith），后来这首歌出人意料地成了热门金曲；他让汤姆·佩蒂和伤心人乐队（Tom Petty and the Heartbreakers）卖出了数百万张经典专辑《该死的鱼雷》（*Damn The Torpedoes*）。艾文与歌星史蒂薇·妮克丝（Stevie Nicks）曾是情侣，他还成立了新视镜唱片公司（Interscope Records）。艾文的成就还有很多。

成为 Beats 股东，把队友变成行走的广告牌

2006 年，当唱片行业的发展因流媒体音乐网站的出现而逐渐落后于时代、唱片销量日渐下滑之时，艾文和他长年的商业伙伴安德烈·杨（Andre Young，他另一个更被人熟悉的身份是说唱歌手 Dr. Dre）开始讨论其他的赚钱方式。起初，Dr. Dre 希望打造一条球鞋生产线，艾文对此不以为然，说他们应该生产耳机这类自己了解的产品。此后，他们开始了漫长的设计与测试流程。到 2008 年时，他们对耳机的概念做出调整，开发出了一种大号耳机，他们相信这种耳机拥有更好的音质。他们把耳机命名为 Beats by Dre。在这个过程中不断为他们提供帮助，并协助他们与澳大利亚耳机厂商达成生产协议的人，正是艾文极为重视的中间人——瓦赫特。

这些耳机看上去可能不太好卖。尽管用上了 Dr. Dre 的名字，可

这些耳机太大了，看起来就像混音师才会用的那种包裹住耳朵的专业产品，这种设计在当时还不流行。更重要的是，这些耳机非常昂贵，售价高达 400 美元。对那时习惯购买 iPhone 并免费得到耳机，或者认为高端耳机最高售价只有 100 美元的消费者来说，Beats 耳机的价格水平完全属于另一档次。艾文一直是一个营销天才，他的推销天赋与音乐制作水平不相上下。但 Beats 耳机的营销预算也不多，艾文他们又不能在电视或主流杂志上投放产品的广告。

不过，瓦赫特有了一个主意。瓦赫特认识一位适合这桩生意的意见领袖——他可以让昂贵的大号耳机变成“酷”的象征，就像他可以让 200 美元的耐克签名球鞋变得更酷一样。但瓦赫特知道，要说服詹姆斯戴上这款耳机并不是那么容易的事。如果放在詹姆斯单纯只想赚钱的几年前，这也许不是难事，可现在，只有钱是不够的，想要合作，他们首先需要朝另一个方向努力。

那时，詹姆斯和卡特的斯普林希尔制片公司刚刚起步，他们正在推广《不只是一场比赛》。瓦赫特介绍艾文与詹姆斯认识，并在这部纪录片上达成了合作。艾文成为纪录片的投资人，得到了执行制片人的头衔。这样做不仅提高了纪录片的声誉，也加强了艾文与詹姆斯的关系。艾文还进一步利用这次机会在自己家里举办了纪录片播放活动。具有影响力的网红达人前来观影时，艾文总会拿出几副耳机展示。詹姆斯和卡特参加多伦多国际电影节时，参与这部纪录片让艾文有了直接和他们做生意的机会。

艾文也向卡特和詹姆斯展示过 Beats 耳机。卡特和詹姆斯承诺，他们会表达真实的感受。他们很喜欢这个产品，他们认为自己愿意用这样的耳机。当然，耳机上有 Dr. Dre 的名字也起到了不小的作用。詹姆斯从小就听 Dr. Dre 单飞时以及他在著名的 NWA 乐队时的说唱音乐。他们判断这些耳机一定能大卖，甚至能想到 NBA 球员戴上这种耳机的样子。

就是那时候，卡特和艾文想出了一个计划。卡特向艾文提起了一种全新的营销形式，也就是在球员抵达以及离开球馆时，可以让他们成为“时尚展示台”。体育馆的进出通道将变成红毯区，这里会诞生新的时尚潮流。卡特要来十几个耳机，他想让詹姆斯在那年夏天参加北京奥运会时，把这些耳机作为礼物送给美国国家队的队友。这是一个相当优秀的想法：球员们需要乘坐 12 个小时的飞机前往中国，在首都北京活动时也会在大巴上度过很多时光。詹姆斯是全世界最知名的篮球明星之一，他正在使用这种尚无人用过的尖端电子设备，为什么不让他的队友也用上呢？这是一个非常聪明的主意，事实上，这个创意取得了相当理想的效果。

为参加比赛抵达球馆时，离开训练场时，在全世界数百万人的关注下接受采访时，球员们的头上或脖子上都挂着全新的 Beats 耳机。

这些耳机不仅尺寸大、颜色鲜艳，看起来与众不同，而且拥有独特的商标。没有人见过这样的耳机。当篮球明星们纷纷戴上Beats耳机后，这款产品立刻变成了公众渴求的对象。

Beats没有像耐克和可口可乐那样花费数百万美元成为国际奥委会的赞助商，他们没有在比赛期间购买昂贵的电视广告，也没有因为赞助签约而向运动员支付大笔费用。可运动员们还是成了Beats行走的广告牌，这都要感谢詹姆斯慷慨大方地把耳机当作礼物送给他们。

一切的重点都在人脉、长线思考及价值利用上

北京奥运会之前，可口可乐曾花重金为姚明和詹姆斯打造了一场宣传活动，可口可乐将两人带到克利夫兰的一座仓库，在那里拍摄了一则广告。那是詹姆斯人生中唯一一次需要站在增高平台上，否则他就没法和身高2.29米的姚明实现同框。可口可乐的广告也是很优秀的宣传策略，但Beats几乎没费任何工夫的做法拥有更大的影响力。从艾文的角度来说，他只不过通过瓦赫特与卡特和詹姆斯搭上线，对一部纪录片做了少量投资以求强化关系，而这一切最终却为他带来了巨大的市场回报。需要再次强调的是，提出理念的是卡特，具体执行计划的是詹姆斯，瓦赫特则是负责联络各方、让所有人都开心的中间人。

成为 Beats 董事会成员的瓦赫特后来促成了一笔交易，就是让詹姆斯成为 Beats 的股东。詹姆斯同意在公开场合宣传公司，同时得到一小部分股权。送耳机给其他具有影响力的人成为 Beats 市场营销的核心战略。詹姆斯为他的骑士队队友们送出了定制耳机，又在接下来的赛季中为他的全明星赛友们送出了定制耳机。在几年后的伦敦奥运会上，Beats 做出了更大的投入：他们租下了一栋建筑，并将其打造成一所“仅限运动员”的俱乐部，鼓励来自世界各国的运动员前往，甚至暗示那是一个可以和其他运动员约会的私密场所。运动员来到俱乐部时，会收到与自己国家国旗颜色一致的 Beats 耳机。当这些运动员离开俱乐部时，他们也变成了行走的广告牌。这同样是一个出色的拉拢运动员的策略。

接下来的 6 年，詹姆斯一直在推销 Beats 的产品。他们最终走入电视广告界，詹姆斯还出演了 Beats 公司的第一支广告片，广告在迈阿密市中心一个酒店的健身房里完成拍摄。詹姆斯重点推销的是适合篮球运动员训练时使用的小型入耳式耳机。

“詹姆斯让我们明白的一点是，声音对运动员的表现有着怎样的影响，”Beats 总裁卢克·伍德（Luke Wood）表示，“当他们需要时，耳机里的声音就像为他们提供了避难所和灵感，帮助他们做好准备工作。詹姆斯并不只是帮助我们推销产品，他还帮助我们开发了产品。因为他戴耳机，因为他是世界上知名度最高的运动员之一，所以我们的产品成为人们讨论的话题。”

在短短几年的时间里，Beats 耳机已随处可见。詹姆斯拥有数不清的定制版耳机，这些耳机就像耐克的装备一样，成为他个人的标配。2014 年年初人气达到顶峰时，Beats 同意以惊人的 30 亿美元的现金价格将公司出售给苹果，这个数字震惊了耳机行业和华尔街。那时的 Beats 不仅卖耳机，而且开发出了专属的音乐订阅服务。这一点颇具讽刺意味，因为当初正是订阅服务的出现迫使艾文和 Dr. Dre 进入了耳机行业。

在这些年的发展过程中，Beats 不断吸收投资者和资金支持。《福布斯》有报道称，被苹果收购时，Dr. Dre 拥有公司 25% 的股权。这是他们一生中最为重大的商业活动，为每个人带来了数亿美元的收入。起步时便加入进来并帮助公司逐步打开市场的詹姆斯，同样获得了巨额回报。

苹果完成收购时，詹姆斯的收入超过 5 000 万美元，这让 Beats 成为他人生中仅次于耐克的第二大业务。收购结束后，詹姆斯与 Beats 仍保持合作关系，继续推销、宣传 Beats 品牌，这也让他和苹果建立了联系。

这正是詹姆斯和卡特进入营销和投资市场时梦寐以求的结果。毫无疑问，仅仅是因为和詹姆斯联系在一起，Beats 产品就获得了收益，而其他领域的意见领袖，尤其是音乐界的人，也对 Beats 的发展起了助推作用。艾文不遗余力地向自己的名人朋友们展示耳机，这是 Beats 成长发展的关键。瓦赫特也是公司发展过程中的关键人物，他通过几次复杂的法律运作帮助 Beats 强化了对公司的控制——公司的一个前合伙人曾起诉 Dr. Dre、艾文和瓦赫特欺诈，但起诉最终被法官驳回。最终，每个人得到的回报都很可观。

詹姆斯核心团队中的所有人均扮演了重要角色。虽说瓦赫特在此之前已经是詹姆斯商业团队中极受重视的成员，但这次成功让两人的关系更进一步，成为终身搭档。一切的重点都在人脉、长线思考以及价值利用上。

Beats 被收购几个月后，Dr. Dre 花 4 000 万美元买下了汤姆·布雷迪（Tom Brady）和吉赛尔·邦辰位于洛杉矶市外布伦特伍德的豪宅。没过多久，詹姆斯花 2 100 万美元，也在洛杉矶购置了房产。

这一切，都是在为日后更大规模的运作做准备。

LEBRON, INC.

第 7 章

亿万富翁夏季训练营，向传媒行业迈出新一步

LEBRON, INC.

商业思考

1. 表演并不是全部，重要的是掌控整个流程并从中获益。
2. 一切都与股权和控制权有关。

关键决策

詹姆斯参加“亿万富翁夏季训练营”，向传媒行业迈出新的一步。

财富结果

1. 詹姆斯与麦当劳签下了一份多年的合同，每年的合同收入超过 300 万美元。
2. 重启与微软的合作，每年 25 万美元加收益分成。
3. 得到耐克 8 年 1 亿美元的新合同。

媒体大会上的新面孔

爱达荷州太阳谷里沿着旧币路分布的小木屋，既奢华又别致。站在这些小屋的阳台上，人们可以俯瞰索图斯国家森林公园的高山、点缀着小船的湖面，还能看到罗伯特·特伦特·琼斯（Robert Trent Jones）设计的高尔夫球道。这些小屋每晚的价格高达 3 500 美元。

7 月的第二周，当爱达荷州中部地区进入盛夏时，私人飞机开始络绎不绝地出现在弗里德曼纪念机场。诺布山酒店烧烤餐厅的露台边上摆满了鲜花，每天晚上，服务员们都会从厨房里端出一道道烹饪得恰到好处的菲力牛排和新鲜鳟鱼。因为要遵守保密协议，所以没有人会谈论雅克威士忌酒吧二层里跑调的卡拉 OK。75 号高速公路的路边停满了装有深色玻璃的豪华 SUV。

从 1983 年开始，艾伦投资公司（Allen & Company）的媒体大会逐渐发展为人们口中的“亿万富翁夏季训练营”。这是一个为期 4 天的邀请制活动，媒体大佬们在这里进行头脑风暴、做生意，还会互相竞争。

有传言称，美国在线和时代华纳合并的想法就是在太阳谷里孵化出来的；亚马逊创始人杰夫·贝佐斯（Jeff Bezos）也是从这里开始与人商讨从格雷厄姆家族手中买下《华盛顿邮报》的。这里还发生过更多传奇。

2009年大会的参加者中有很多熟面孔，比如巴菲特、扎克伯格、比尔·盖茨和萨姆纳·雷德斯通（Sumner Redstone）等。不过观众席中也出现了一个新面孔，一个让很多大佬根本没想到会在这种场合见到的人，那个人就是詹姆斯。他参加了研讨会和问答环节，以了解媒体高层的工作方式。

几年前，卡特在赛季揭幕战开始前坐上了骑士队老板丹·吉尔伯特（Dan Gilbert）从纽约前往克利夫兰的飞机。同样坐在飞机上的还有艾伦投资公司的高管史蒂夫·格林伯格（Steve Greenberg）。艾伦投资公司在2005年协助吉尔伯特完成了对骑士队的收购，吉尔伯特是他们的重要客户。见面后，卡特问格林伯格，他和詹姆斯怎样才能得到大会的邀请。卡特居然听说过这个大会，这让格林伯格感到有些吃惊。那时的卡特正在与"詹姆斯附属品"的外界印象抗争，苦于难以确立自己的经纪人声誉，而要想把自己塑造成一个对传媒行业有广泛认知的人，显然难度更大。

卡特下定决心要一步一个脚印地去研究并精通相关知识，因为只有这样，在出现类似遇见格林伯格的机会时，他才能建立并加深双方的关系。吉尔伯特是每年 7 月太阳谷大会的常客，他曾鼓励詹姆斯参加会议，可詹姆斯因美国国家队的日程安排与之冲突而难以成行。从 2006 年到 2008 年，詹姆斯把每年夏天的很大一部分时间留给了美国国家队。但在 2009 年，他的日程表上出现了一段空白。

分销竞价，让纪录片进入电影院

到 2009 年夏天时，围绕着导演贝尔曼的纪录片《不只是一场比赛》，詹姆斯和卡特已经完整经历了一次让他们备感振奋的媒体工作流程。与这部纪录片相关的一系列活动既加深了他们对传媒行业的了解，坦白地说，又让他们愿意更加深入地投入这个行业。他们开始与新的合作伙伴、好莱坞大牌经纪公司威廉·莫里斯奋进娱乐公司（William Morris Endeavor）展开合作，希望将纪录片出售给分销商。在这之前，詹姆斯依靠的是自己信赖的赞助商耐克和可口可乐，在卡特和詹姆斯寻找让纪录片进入电影院的机会的过程中，这两家公司便已承诺投入一定的资金协助营销。纪录片在多伦多国际电影节赢得关注后，小型的竞价战逐渐爆发，而詹姆斯等新晋传媒行业高管则依靠新搭档艾文等人的协助达成了分销协议。他们一共和 7 家有意购买纪录片版权的分销公司进行了会面。

“卡特参加了所有会议，但他听从艾文的指点，让艾文掌控整个流程，”贝尔曼表示，“不管艾文在哪儿，搭档瓦赫特总会出现在他身边。他们就是这样做生意的。”

有了卡特的观察和学习，詹姆斯团队最终与狮门影业达成了价值百万美元的协议。正如卡特预料的那样，这部纪录片带领他们到达了一个全新的高度。后来，他们开始与影视公司的高层见面，还与艾文的新视镜唱片公司合作推出了纪录片原声带。

当卡特和詹姆斯按照年度计划到中国参加耐克和可口可乐的夏季推广活动时，纪录片恰好正在海外上映，于是他们把这些活动变成了宣传纪录片的国际巡演。詹姆斯不仅参加商业推广，而且参与纪录片宣传活动，最终在世界范围内引发了舆论热议。

马里兰州的银泉市是他们的第一站，通过参加电影节，《不只是一场比赛》完成了在美国的首映，而这只是那令人难忘的日子的一部分。前往华盛顿郊区参加首映前，詹姆斯与卡特、保罗和米姆斯一同前往白宫拜访了总统奥巴马。这 4 个几年前还被嘲笑没有经验、前景不明的人，一起在椭圆形办公室里合了影。在前一年秋天的美国大选中，詹姆斯参加过奥巴马在俄亥俄州的竞选活动。战利品属于胜利者，白宫向他发出了邀请。

那年秋天纪录片正式上映前，詹姆斯分别在纽约、芝加哥、洛杉矶、北京、上海、沈阳、伦敦和巴黎等城市举办了展映活动。他还在家乡阿克伦举办了红毯秀，打造了一场具备完整首映礼规格的活动。詹姆斯在每个展映活动上都设置了问答环节，并接受了媒体采访，这种大规模的宣传活动不逊于任何暑期大片的推广。乘多伦多国际电影节的东风，加上分销商的需求，以及来自耐克的助推，《不只是一场比赛》得到了所有纪录片都梦寐以求的曝光度。

对詹姆斯和卡特而言，这是如何将名人、讲故事、市场需求以及合作伙伴整合在一起完成大项目的绝佳案例。不过归根结底，《不只是一场比赛》没有让他们赚到大钱。多伦多国际电影节之后，外界对这部纪录片的评价并不友善，观众也不是很买账。尽管宣传铺天盖地，但并没有太多观众前往电影院观看这部影片。《不只是一场比赛》的全球总票房只有区区 95 万美元。纪录片获得了独立精神奖（Independent Spirit Award）的提名，尽管他们最终没能获奖，但这已是莫大的荣誉。伴随纪录片出版的由巴兹·贝辛格执笔、以詹姆斯口吻撰写的 *Shooting Stars* 一书，尽管其中一部分内容被《名利场》杂志摘录，但销量仍然惨淡。贝辛格弱化了自己与这本书的关系，当平装本上市时，书名被改成了《勒布朗的梦之队》（*LeBron's Dream Team*），贝辛格的名字也从封面上消失了。

没能将多伦多国际电影节中观众的兴奋转移至电影院，进而取得商业上的成功，这当然让人失望，不过詹姆斯和他的团队因分销竞价战而赚到了一些钱，也从发行流程中学到了很多东西。

参加艾伦投资公司大会则是朝这个方向迈出的全新的一步。卡特和詹姆斯意识到，传媒界的大佬有兴趣和他们做生意。商业界和传媒界人士有时会把自己的私人飞机借给詹姆斯，以此来加深双方关系或寻求见面机会。

《梦幻篮球训练营》，进入传媒行业的第二步

作为过去 25 年最成功的好莱坞制片人之一，布莱恩·格雷泽（Brian Grazer）特别喜欢詹姆斯，他联系到卡特，争取到一次与詹姆斯会面的机会。格雷泽带着同是詹姆斯忠实球迷的儿子参加了会面。和卡特及詹姆斯见过几次面后，他们以詹姆斯运营梦幻篮球训练营为核心，想出了一个电影项目。

格雷泽引入了几个成名编剧，随后在《综艺》（*Variety*）杂志的一篇文章里公开了这个项目。对詹姆斯而言，这本娱乐圈的重量级杂志仿佛电影里汤姆·克鲁斯（Tom Cruise）的豪车，只是一个可利用的工具。格雷泽是娱乐圈最有权势的人物之一，那时他担任制片人的电影包括《铁拳男人》（*Cinderella Man*）、《达·芬奇密码》（*The Da Vinci Code*）和《对话尼克松》（*Frost/Nixon*）。格雷泽主动找到詹姆斯，

希望将詹姆斯打造成电影明星。这种概念并没有特别之处——运动员被打造成电影明星已有几十年的历史，但詹姆斯和卡特却将此看作参与传媒业的途径。表演并不是全部，重要的是掌控整个流程并从中获益。推出《不只是一场比赛》只是第一步，而本次合作将成为重要的第二步。格雷泽出品的电影《梦幻篮球训练营》确定了 2010 年夏天的拍摄计划。

在太阳谷大会上，人们对詹姆斯很热情，他经常成为所有参会人中大红大紫的明星。那时，詹姆斯刚刚赢得了人生中的第一个 MVP 奖杯。之前一个赛季耐克推出了一条新的广告，詹姆斯在其中扮演 4 个不同版本的自己，并因出色的演技崭露头角，这引发了人们对他参演电影的议论。

在 NBA 争夺总冠军是一件极具挑战的事情，那时的詹姆斯还未曾翻越这座高峰。因招募运动员而产生的角逐使经纪人们同样面临着激烈竞争，而寻找成功的投资机会则更像是大海捞针。但运营制片公司时，通常是创作者主动提出创意，詹姆斯和卡特只需保持耐心并从众多选项中做出选择即可，这显然具有不小的吸引力。

詹姆斯已经拓展了不少高质量的赞助合作伙伴，与斯托特及其位于纽约的 Translation 营销公司的良好关系开始为他带来回报。通过与斯托特合作，卡特在 2008 年搞定了与州立农业保险公司（State Farm

Insurance Cos.）的重大合作，这让詹姆斯、米姆斯和保罗一起参演了超级碗广告。州立农业保险公司想与更年轻的观众建立联系，因此他们选择詹姆斯担任公司的代言人。卡特达成的这份协议也包含显著的慈善元素：州立农业保险公司将以詹姆斯的名义捐献资金以整修篮球场。

当詹姆斯前往太阳谷时，卡特和斯托特已经进入严肃的谈判状态，他们最终为詹姆斯与麦当劳签下了一份多年期合同。卡特已经和麦当劳谈了将近 4 年时间，而斯托特帮助他确定了这笔协议——詹姆斯每年的合同收入超过 300 万美元。双方以一个超级碗广告开启这段合作，再现了乔丹和拉里·伯德（Larry Bird）为争夺一个巨无霸汉堡而进行 HORSE 投篮比赛的经典桥段。

卡特还重启了与微软的合作之门，他们达成协议，在 XBox 上专门为詹姆斯打造一款游戏。他们还接到了更成熟、更知名的游戏公司电子艺界体育（EA Sports）及 2K 体育（2K Sports）开出的更高报价。（卡特后来还在哈佛大学商学院的课堂上把这次选择当作案例研究的一部分讲给学生，以说明他和詹姆斯是如何开展商业合作的。）这些公司向卡特开出了多年期合同，愿意每年支付 35 万美元，作为詹姆斯肖像在游戏中的使用费。但是，卡特接受了微软开出的每年 25 万美元加收益分成的报价，根据新游戏的销售表现，詹姆斯最多可以获得 20% 的利润抽成。这一切都与股权和控制权有关。

得到耐克 8 年 1 亿美元的新合同

上述这一切，最终成就了卡特谈过的最重要的合同，就像他当时对我说的那样："我这一辈子都在为之奋斗的一份协议。"

那就是和耐克达成的第二份协议。2003 年，詹姆斯和耐克达成了一份有效期为 7 年的合同，合同的截止日期是 2010 年春天。自詹姆斯签下第一份合同后，卡特不仅取代古德温成为詹姆斯参与商业活动的首席谈判手，而且他还有在耐克工作多年的经历。卡特需要直接面对自己的一些老同事，而他的导师梅里特则变成了谈判对手。

詹姆斯球鞋前 6 年的销量可以说很不错，但称不上特别好。根据行业分析师的说法，那些年詹姆斯的签名鞋在美国的销售额每年不到 1 亿美元。不过他的球鞋在全球的销量还不错，这让詹姆斯获得了合同约定的一些奖金。总的来说，这是一笔好生意，但绝称不上"第二个迈克尔·乔丹"。

相比之下，据行业分析师说，耐克旗下的乔丹品牌在 21 世纪的头 10 年每年的销售额超过 10 亿美元，在接下来的 10 年里这一数字更是涨到了超过 20 亿美元。乔丹本人也能从销售总额中获得分成，每年的分成多达数千万美元。

“迈克尔·乔丹的情况太特别了，几乎不可能复制，”耐克前副总裁里克·安奎拉（Rick Anguilla）表示，“那就好比第二个登上月球的人，和第一人完全不是一回事。”

耐克对詹姆斯很满意，迫切地希望与他续约，可这一次不会再有各方倾尽全力的竞价大战，不会出现创纪录的合同，耐克不愿意显著增加詹姆斯每年1 100万美元的保底收入。双方可以选择延续原合同，但卡特更愿意达成一份全新的合同，以便确立LRMR合同经纪人的地位，进而收取佣金。尽管詹姆斯几年前就与原经纪人古德温分道扬镳，但由于与耐克签订的前一份合同是通过古德温达成的，因而古德温仍能从中获得佣金。

在合作的第六年，詹姆斯球鞋的设计开始赢得年轻消费者的喜爱。詹姆斯的签名鞋进入了最为畅销的一个赛季，这增加了詹姆斯参与谈判的筹码。总的来说，卡特用了18个月来与耐克谈判，确定了续约合同的各个细节。2010年初，在詹姆斯成为自由球员前，双方达成了一份为期8年的新合同，詹姆斯的总收入将超过1亿美元。

对耐克这样一个2010年销售总额接近200亿美元的成熟跨国公司来说，他们不可能提供股权。而卡特想要的则是达成一份利润分享计划，这样一来，耐克的球鞋卖得越好，詹姆斯的收入就会越高。

这份合同来得恰到好处。带着赢得两座 MVP 奖杯的势头，詹姆斯进入了个人生涯的巅峰期，他的人气和球鞋销量都会出现大幅上涨。到 2013 年，詹姆斯签名鞋的年销售额突破了 3 亿美元，行业分析师表示，这一数据在接下来的几年里会持续提高，这将为詹姆斯带来数千万美元的收益分成。

截至 2010 年，与耐克、可口可乐、州立农业保险公司、麦当劳、Upper Deck、Beats 耳机和微软的合作，每年能为詹姆斯带来近 4 000 万美元的赞助收入。根据《福布斯》排行榜，詹姆斯的收入仅位于泰格·伍兹和科比之后，他因此成为收入第三高的运动员。卡特负责已有合同的续约或重新协商，以及新合同的达成，这为詹姆斯创造了稳定的形势，但这些业务始终未能达到预期。LRMR 实际上退出了其他运动员的商业活动，里奇·保罗离开了 LRMR，进入创新艺人经纪公司与里昂·罗斯合作。卡特和瓦赫特制订了一个将詹姆斯的部分营销推广业务外包的计划。

随着与合作伙伴们的长期协议的敲定，卡特开始寻找拓展新业务的机会。进军传媒行业的诱惑越来越大，这为詹姆斯和卡特开辟了一条道路，迎接他们的将是传媒行业从未有人见证过的、最重大的时刻。

LEBRON, INC.

第 8 章

《决定》，商业生涯的转折点

LEBRON, INC.

商业思考

1. 别过于关注自己能做什么，要全面考虑是否应该做那件事。
2. 检验你的理念是否过于超前。
3. 捐钱给慈善机构不仅是善举，还能在一定程度上缓和赛场外营利性活动带来的负面影响。

关键决策

詹姆斯在 ESPN 全美电视直播特别节目中宣布，他将离开克利夫兰骑士队，加盟迈阿密热火队。

控制信息，处理重大声明的新方式

2010 年 2 月的一个早晨，泰格·伍兹走进佛罗里达州蓬特韦德拉海滩 TPC 锯齿草高尔夫俱乐部的一间舞厅，为自己车祸后的 3 个月里被曝光的一系列出轨行为而道歉。伍兹只是站在一块蓝色的幕布前，在讲台后念出了手里的演讲稿。房间里的人包括伍兹的家人、朋友，还有几个被精心挑选出来的记者。15 分钟的发言结束后，伍兹没有回答任何问题就离开了讲台。他拥抱了坐在第一排的母亲，那里恰好是众多摄像机能够捕捉到的完美位置。主流无线电视网和有线电视频道都直播了这场发布会，为伍兹带来了最大程度的曝光。

詹姆斯和他的小圈子也注意到了这件事。詹姆斯过去与伍兹有过交集，他们在詹姆斯前往奥兰多参加与魔术队的客场比赛时见过面，丑闻爆发前，伍兹曾长年持有魔术队的场边席球票。两人交换了电话号码，伍兹将詹姆斯的号码输进了自己的老式翻盖手机里。作为耐克旗下最有名的两个运动员，詹姆斯和伍兹有联系，但两人并不是朋友。詹姆斯确实在娱乐圈和体育界有不少朋友，但他和高尔夫球界没有交集。然而，这并非詹姆斯团队对伍兹丑闻产生兴趣的原因，吸引他们的其实是伍兹对这则敏感声明的处理方式。

超过 300 名媒体人报道了伍兹的发布会，使之成为当时体育界最大的新闻。可伍兹和美巡赛（PGA Tour）方面并没有直接应付这么大一群人，而是把所有人安排到一家万豪酒店，让他们在那里用闭路电视收看伍兹的发布会直播。这种做法激怒了一些媒体，并遭到了美国高尔夫记者协会的抵制。可这么做能让伍兹掌控整个发布会流程，而不会在压力下被迫谈论自己不想谈论的话题。

通过在美巡赛总部举办发布会，伍兹可以让总部的员工掌控发布会的整个流程。从某种程度上说，他可以花钱购买某些流程。但是这不是什么值得骄傲的时刻，伍兹的名誉因此受到了严重打击。尽管如此，伍兹和他的管理团队还是找到了办法，从而最大限度地利用外界对了解他首次公开声明的强烈要求。一些公关专家也站出来抨击了这一做法，他们表示，召开新闻发布会但又不允许媒体出席，这是在疏远事件过后能够奠定舆论基调的人。从詹姆斯团队的角度出发，这种处理重大声明的方式的确让他们大开眼界。

如何在第一个自由球员选择期造出更大声势

就是在那段时间，卡特开始思考那年夏天詹姆斯宣布成为自由球员的方式。詹姆斯已经在骑士队效力了 7 年，他的合同即将到期。过去两年，多支球队不断调整阵容、清理薪金空间，准备向詹姆斯开出 1 亿美元的合同。尼克斯队、篮网队、快船队和公牛队这些大球市里的球队也都在计划争夺詹姆斯，从而进一步增大了竞争的强度和风险。2006 年与骑士队续约时，詹姆斯以和记者打电话的方式公布了自己的决定，而这一次选择成为自由球员，涉及的利害关系更多，外界的兴趣更大。

过去几年，卡特和詹姆斯一直在寻找利用詹姆斯的名字、肖像以及影响力去捕捉甚至创造价值的机会。当詹姆斯做出选择时，他公开个人选择的方式就具有极高的价值。他们认为，在公开的新闻发布会上宣布这一决定等于错失机会。

尽管卡特明白媒体与明星球员之间保持着共生关系——对詹姆斯及其慈善活动的曝光有助于提高他在媒体中的知名度，也有助于提高产品销量，但有时媒体利用詹姆斯赚钱的做法让卡特很不满意。那么，为什么不掌控明显属于詹姆斯自己的东西并从中获益呢？可以说，这是一种优秀的商业本能。

无论如何，公众的认知与感受都是不得不考虑的因素。如果詹姆斯只是简单粗暴地发表公开声明，也许会对他的公众形象带来负面影响，而公众形象一直是团队高度关注的问题。早年，当詹姆斯的团队还自称“四骑士”时，当他们还在主办每人入场费 300 美元的低端营利性派对时，他们就明确表示会将收入的一部分用于慈善事业。

自那之后，无论是面对重大事件还是慈善活动，他们都成熟了许多。不管怎么说，捐钱给慈善机构不仅是善举，还能在一定程度上缓和赛场外营利性活动带来的负面影响。在卡特看来，出售自由球员公开声明也属于这一范畴，虽然从战略上看这是非常强硬的行为，但至少，他们的想法是利用发出声明的机会为慈善机构筹集资金，创造出物质和精神上的收益。

这些讨论和想法必须保密，不能干扰詹姆斯正在进行的 NBA 赛季，他正值职业生涯巅峰。骑士队也受到了很多重点自由球员的关注，他们在那个赛季增加了虽然年长但人气依旧出众的奥尼尔，又在赛季中通过交易引入了曾经的全明星球员安托万·贾米森（Antawn Jamison）。球队在常规赛取得 62 胜，位列联盟第一，詹姆斯也在激烈的竞争中拿下了人生中的第二座 MVP 奖杯。

詹姆斯在阿克伦大学的罗兹体育馆接受这一荣誉时，邀请了球迷到现场观看。在现场观众的起立鼓掌、大声喝彩中，詹姆斯走上讲台，他说：“我爱阿克伦，这里永远是我的家，永远是我生命中最重要的部分。”这番表态让一些人得出结论：詹姆斯不可能在自由球员市场中离开骑士队，因此也不会离开阿克伦。但事实证明，这是一个错误的想法。

不管怎样，詹姆斯团队中的一些人正在悄悄考虑各种理念。最初他们的讨论集中于如何面对自由球员市场，比如让詹姆斯前往他感兴趣的城市参观，以此创造一些市场营销机会。另外，耐克出面否认了一份报道，公开表示他们并无以詹姆斯的球队配色来设计制造球鞋的计划。

归根结底，这些都是细节。对詹姆斯和他的密友来说，有一点是肯定的：他们都想成就一番伟大的事业。从某种程度上说，正是这一点让他们走到了今天。2005 年自立门户就体现了他们的这一想法。而在第一个自由球员选择期，随着外界的炒作越来越激烈，他们只会造出更大的声势。

《决定》，职业生涯的最低谷

我们在这里所说的，就是 2010 年 7 月 8 日在 ESPN 电视台直播的《决定》节目。那是詹姆斯和卡特策划的最重大的商业操作，这将他们带入的，却可能是职业生涯的最低谷。

假如你从头开始读到这里，你应该知道，在詹姆斯和卡特自立门户的5年里，他们的商业运作有起有落。他们取得过不可思议的成功，看着金钱源源不断地流入腰包；他们接到过各种各样的报价，也在学习寻找既能增加财富又能让他们感到兴奋的商业机会。他们不再是初入传媒行业的新人，而是拥有了一定经验的老手。假如能在黄金时段做成一档特别节目，他们不仅能提高知名度，还能进入传媒行业的更高梯队，不管怎样，那都会成为体育界的历史性时刻，过去从未有人经历过这样的时刻。

事实却是，他们没有实现以上任何目标，相反，还因此倒退了好几年。

从某种角度而言，卡特与詹姆斯的理念的悲剧之处在于过于超前了。如果从运动员赋权及控制信息这个角度出发，那么他们的操作实际上经得起时间的考验。无论是高中明星宣布对大学的选择，还是其他NBA球星做出成为自由球员的选择，《决定》都改变了此类事件的运作模式。如今，运动员在可控媒体环境中宣布交易运作方式已成为常事，而“可控媒体环境”正是描述《决定》的专业术语。毫无疑问，当年詹姆斯的节目改变了大环境和公众的接受程度。这也是《决定》留下的影响，但几乎无人提起、认可这种影响，因为没有人愿意将自己的名字和《决定》联系在一起。

假如能换一种制作方式，这个节目也许会成为卡特和詹姆斯职业生涯中的高光时刻，会被归入“颠覆游戏规则”的那一栏。但在后来的很多年里，《决定》节目变成了整个小团队的包袱与镣铐。即便 10 年之后，《决定》对他们来说仍然如鲠在喉。

《决定》的概念其实在 2010 年总决赛期间才真正形成。作为头号种子，詹姆斯和他的骑士队在东部第二轮赛程中被排名第四的波士顿凯尔特人队淘汰出局。詹姆斯在其中几场比赛中表现糟糕，尤其是在主场进行的第五场比赛，那场失利可以说直接断送了球队的整个赛季。赛季结束后，詹姆斯销声匿迹，切断了与球队及其他人的大部分联系。奇怪的是，他在总决赛开始前重新露面，在 CNN 接受了拉里 · 金（Larry King）一个小时的采访。可除了反映出年轻的篮球明星和老牌脱口秀主持人之间不存在任何“化学反应”外，这段采访几乎什么也没有透露。

几天后的一个周日晚上，卡特出现在洛杉矶总决赛第二场比赛的现场。湖人队的对手正是凯尔特人队，后者在战胜骑士队后一路挺进总决赛。那场比赛的半场休息期间，知名播音员吉姆 · 格雷（Jim Gray）找到了卡特。格雷因为在职业生涯中总能得到类似拳王阿里、美国职棒大联盟前教练彼得 · 罗斯（Pete Rose）和科比这些大牌明星的采访机会而成名。格雷之前采访过詹姆斯几次：他在选秀夜采访过詹姆斯；詹姆斯人生中的第一场 NBA 比赛，他也在场边采访。格雷和詹姆斯有联系，但关系并不算亲密。作为记者的格雷一直很强势，他会不断追问采访对象。半场休息时，格雷离开自己的座位径直走向场地，直接去找卡特交谈。格雷最初并没有把这当作现场观赛的重点，可他不会放弃近在眼前的机会。格雷向卡特施加压力，希望詹姆斯在做出成为自由球员的选择后让自己成为第一个采访他的人。卡特对此有兴趣，但并未做出任何承诺。

格雷能在这些年里获得那么多重量级的采访机会，靠的显然不是对方含糊其词的回复。他没有因为卡特一个“可能”的回答就放走卡特，而是提出了一个想法。格雷建议詹姆斯和 LRMR 买下电视台的某个时段，用这种方式公开詹姆斯的决定。他们可以自己出售广告，控制播放内容，当然，主持人自然是格雷。不得不说，这是一个很大胆的想法。

“那不是我在大脑里酝酿多时的想法，”格雷表示，“我只是在那个瞬间说出了那样的话，就是一个想法而已。”

因为那是湖人队的一场比赛，所以现场有很多传媒行业的大人物，格雷的提议很快就从理念变为现实。卡特和格雷碰巧与阿里·伊曼纽尔（Ari Emanuel）一起坐在场边席，而伊曼纽尔是好莱坞大牌经纪公司威廉·莫里斯奋进娱乐的总裁之一。伊曼纽尔听到这个想法时很是兴奋，他还告诉卡特就应该这么做。

卡特一直在洛杉矶和亿万富翁、媒体大亨大卫·格芬（David Geffen）保持着联系，后者当时也在比赛现场。听到这个想法后，格芬也表示支持。卡特非常喜欢格芬，这种喜爱源自2000年出版的《操盘手》（*The Operator*）这本讲述格芬经历的书。（具有讽刺意味的是，格芬本人痛恨这本书，并在最初与此书作者合作后否认了书中的内容。）卡特甚至在办公室的书架上摆着这本书。吉米·艾文介绍他与格芬认识，艾文与格芬在新视镜唱片公司有着长年的合作。人脉关系网就这样不断延伸。

卡特带着一份疯狂的远景规划找过格芬。洛杉矶快船队是正在清理薪金空间、准备在那年 7 月追逐詹姆斯的众多球队之一，詹姆斯有兴趣在洛杉矶打球，也对快船队的年轻球星格里芬感兴趣。可只要唐纳德·斯特林（Donald Sterling）是老板，他就不可能和快船队签约。斯特林在 NBA 可谓臭名昭著，很多他的球员、教练及雇员都憎恨他。和那些年洛杉矶的很多生意人一样，格芬有兴趣买下快船队，他们就此制订了一个计划，希望利用詹姆斯的自由球员选择说服斯特林卖掉快船队的控股权。

他们的想法可以总结为，斯特林以有可能创纪录的高价出售快船队后，詹姆斯宣布签约快船队，进而立刻提高球队的形象和价值。过去也不是没出现过更夸张的做法，但这将成为一种终极强力的运作方式——自由球员倒逼球队所有权发生改变。这个操作很有可能得到

NBA 的支持，因为当时的 NBA 总裁大卫·斯特恩（David Stern）不喜欢斯特林，他一直希望斯特林卖掉球队。但斯特林一如既往地拒绝了，这个想法也就不了了之了。2014 年，斯特林的一段种族歧视言论被曝光后，NBA 最终迫使他出售了球队。

可即便只是有一次对话的机会，也足以让卡特感到振奋，毕竟，好莱坞最有权势的大佬之一有意动用几亿美元，就是为了跟他做生意。有了这些重量级人物的参与，卡特和詹姆斯对自身在传媒行业的能力的自信开始膨胀也就不足为奇了。詹姆斯也得到了前往现场观看总决赛第二场比赛的邀请，但他知道因为未来选择不明，自己的出现一定会引起骚动，所以选择了拒绝。取而代之与伊曼纽尔坐在一起的就是卡特，而在他们身后就座的是格芬的合作伙伴杰弗里·卡曾伯格（Jeffrey Katzenberg）以及梦工厂的史蒂文·斯皮尔伯格（Steven Spielberg）。哦，现场还有汤姆·克鲁斯。那毕竟是洛杉矶。

卡特询问伊曼纽尔能否敲定一份协议，让他们可以在电视上制作一档特别节目。各方很快意识到，他们可能根本不需要购买播放时段，就像泰格·伍兹不需要购买时段来控制信息一样。如果詹姆斯愿意授权一家电视台独家播放他的声明，他们就不需要花钱买任何东西。尽管詹姆斯在篮球方面的业务由伊曼纽尔的死敌创新艺人经纪公司打理，但詹姆斯小团队通过伊曼纽尔的公司达成了《不只是一场比赛》的分销发行协议。比赛结束后，各方在晚餐时仍在商讨，到第二天时，伊曼纽尔和威廉·莫里斯奋进娱乐公司已经开始着手实施这个项目了。外界对詹姆斯自由球员选择的强烈兴趣，加上伊曼纽尔所能动用的影响力，使前一晚的方案变成事实已成必然。

“我接到了卡特和吉姆·格雷的电话，我很确定我是他们第一个联系的人，然后我和伊曼纽尔聊了聊，”约翰·斯基珀（John Skipper）表示，2010 年他在 ESPN 电视台担任负责节目内容的副总裁，后来成为公司总裁，“他们跟我说了这个想法，说到了其中包含的慈善元素。他们不是随随便便地提出慈善话题，他们的态度非常认真。但我觉得每个人都明白，慈善在某种程度上为他们提供了掩护。我负责 ESPN 电视台的所有内容，我可以给他们留出一小时，我们就是那么做的。”

ESPN 电视台不是很想让格雷主持节目，所以由格雷担任主持人的提议抵达决策层时，在 ESPN 电视台内部遭到了一些人的反对。格雷在 ESPN 电视台工作过，后来选择了离开。但伊曼纽尔坚持让格雷做采访，这个方案最终通过了。伊曼纽尔和斯基珀详细讨论过细节后达成了共识。ESPN 电视台也毫不懈怠，他们迫切希望获得近些年来体育史上最重大新闻的独家报道机会。

伊曼纽尔找来自己公司的高管马克·道利（Mark Dowley）协助制作特别节目。道利住在康涅狄格州的格林尼治，那里是美国东海岸最富裕的社区之一，道利还可以使用一架私人飞机。生活在距离纽约州怀特普莱恩斯不远的地方意味着詹姆斯和他的团队可以轻松进出这一地区。道利建议在当地社区的男孩女孩俱乐部举办这次活动。詹姆斯小时候曾经从男孩女孩俱乐部获益良多，这让他对帮助这家慈善机构颇有兴趣。此外，男孩女孩俱乐部也是一个全国性机构，因此筹集的资金可以分散到多座城市，以扩大影响力。

和往常一样，詹姆斯找到了自己的商业合作伙伴。耐克愿意捐款，但不愿意出现在节目的显眼位置，事后证明，这是一个很聪明的决定。可口可乐和微软参与了进来，购买了广告时段。可口可乐旗下的 VitaminWater 和微软的搜索引擎必应成为主要广告主。唯一一个来自“詹姆斯宇宙”之外的广告主是菲尼克斯大学，他们买下了大部分广告时段，但将其中一部分捐给了男孩女孩俱乐部。节目的广告销售情况相当出色，他们总计获得了 400 万美元的收入，这对任何时长一小时的节目来说都非常可观，况且这一小时根本没有比赛直播。

整个项目只用了大约一个月便筹划完成，对任何如此规模的项目，尤其是这种独一无二的节目来说，这种情况很是罕见。过去从未有过先例，没有制片人有制作这种节目的经历。和寻求美巡赛帮助的伍兹不同，詹姆斯没有寻求 NBA 的支持。斯特恩知道后，认为这是一个坏主意，还曾经试图制止。斯特恩给斯基珀打去电话想劝他放弃，那时 ESPN 电视台是 NBA 的电视转播合作伙伴。后来斯特恩再次打电话谈论过这件事。

可《决定》已全速启动，停不下来了。卡特和詹姆斯似乎犯下了一个和过去几十年里处于上升期的新人一样的经典错误：他们过于关注自己能做什么，而没能全面考虑是否应该做那件事。

这个道理可能也适用于当时的伊曼纽尔和威廉·莫里斯奋进娱乐公司。即便对他们这家出品过众多电视剧和电影的成熟公司来说，詹姆斯的项目也是一项全新领域的工作，而成为第一个进入新领域的公司就是一种胜利。这意味着夺得最大的体育电视台在美国东海岸晚上 9 点黄金档的控制权，还能出售广告，将自己公司的烙印打在整个项目中。这是“秀肌肉”的终极机会，理论上还能成为全新的生意模式。

回到这个节目本身，实际上存在着大量缺陷。詹姆斯在开播前一周分别和热火、快船、尼克斯、篮网、公牛和骑士 6 支球队见了面，从克利夫兰飞到格林尼治后，节目开播当天的下午他一直待在道利的家里。除了要关注自己在节目中的表现，根据合同规定，詹姆斯还要为菲尼克斯大学拍摄一条广告。没过多久，说唱歌手肯耶·韦斯特（Kanye West）意外来访。韦斯特本来在纽约，了解到詹姆斯的所在地后，他跑到格林尼治，并在节目开始前一直和詹姆斯在一起。道利原本希望对地点保密，但这根本不可能，当涉及在当地男孩女孩俱乐部进行现场直播的整个团队时尤其如此。

消息被迅速传播，到了节目播出前的当天下午，已经有报道称詹姆斯选择了迈阿密热火队。不过2010年社交媒体还处于婴儿期，所以这个消息扩散得比较慢。尽管有几个媒体报道了詹姆斯的去向，但消息并不像两三年后通过社交媒体传播的消息那样随处可见。这解释了为什么詹姆斯的声明对那些没有做好准备的人能造成那么大的打击，或者说就算他们听说了这个消息，也不相信是真的。

节目现场整洁得有些单调，几个孩子作为背景安静地坐在昏暗的体育馆里，旁边是VitaminWater的饮料机，这种搭配本身就很奇怪。房间里没有任何活力，只有紧张感，这种紧张感也传导给了观众。外界对格林尼治这个地点的选择有些好奇，这里离纽约很近，而纽约的两支球队都在追逐詹姆斯。

“那是100万个小决定，整合在一起的结果却很糟糕，但每一个小决定背后都有其合理的论证和逻辑，”可口可乐一名与詹姆斯合作的高管艾伦·卢西（Ellen Lucey）表示，“我觉得我们需要更多时间，可有些事情，你只能在回头反思时才会发现。”

格雷列出了一系列准备向詹姆斯提出的问题，提前与詹姆斯、卡特和里昂·罗斯进行了讨论。作为詹姆斯篮球事务的经纪人，罗斯将在节目的第二天负责协商并敲定新合同。格雷并不确定詹姆斯的决定究竟是什么，但他知道詹姆斯肯定不会与骑士队续约，这一点毫无疑问。

为了给最后一刻积蓄势头，为了吸引观众，格雷提出了这些问题——准确地说，是 18 个问题。对观众来说，这是整个节目中最让人恼火的环节，这些问答看起来就是在人为地增加节目时长。ESPN 电视台在十多分钟后才把镜头从播放格雷的采访切到直播现场。外界后来批评 ESPN 电视台的延播过于冗长，可实际上，这已经是妥协后的结果了。按照最初的想法，观众还要等待更长时间，在信号切到直播现场前还要插播广告。格雷问了一些提前设计好的问题，也即兴发挥问了些新问题，比如詹姆斯紧张时还会不会咬指甲。与此同时，詹姆斯不住地晃动自己的座位，他太紧张了。

格雷问詹姆斯，有多少人知道他的选择，詹姆斯说这个数字用一两只手就能数得出来。但这话并不完全正确，比如两架等待着詹姆斯的私人飞机的飞行员和机组成员以及詹姆斯的随行人员都得到了通报，他们需要提交飞行计划，需要知道飞机究竟要装载的是飞往洛杉矶、芝加哥，还是迈阿密的燃料。到了那个阶段，也有其他不少人知道了詹姆斯的选择。

就在格雷问詹姆斯球队是否已经得到他的通知时，我接到了骑士队老板吉尔伯特发来的短信。他告诉我，骑士队已经得到通知，詹姆斯将与热火队签约。吉尔伯特鼓励我公开这个消息，以破坏直播节目的效果，但为时已晚，当时观看直播的观众人数已经超过 1 000 万。那时我的 Twitter 只有大约 3 万个粉丝，而且没有一个人会在那会儿打开手机软件。几个小时前我就知道詹姆斯有可能加入热火队，我还在《克利夫兰老实人报》（*Cleveland Plain Dealer*）的网站上发出了一篇相关报道。吉尔伯特刚刚证实，詹姆斯的态度没有改变。考虑到当时巨大的环境压力以及詹姆斯要做的事，我认为他的态度有可能不会发生变化。所以当他说出“今年秋天，我要带着我的天赋前往南海滩”这番话时，我一点儿也不意外。

那时我想到了两件事。一件是詹姆斯一直用“南海滩”称呼迈阿密，如果骑士队和热火队有比赛，那么他会说“这周我们要在南海滩和他们打比赛”，或者“想在南海滩击败热火队不容易”。热火队的主场并不在南海滩，尽管离得不远，但两个地方在不同的区域。这就好比你说自己在曼哈顿吃饭，饭馆实际上在皇后区。另一件事是，“带着我的天赋”其实是 1996 年科比在室内体育馆举办的新闻发布会上宣布直接进入 NBA 时说的话。

坐在电视机前的大部分观众惊呆了，坐在现场的观众也惊呆了。没有人鼓掌，只有带着惊讶的窃窃私语和人们倒吸一口凉气的声音。当时人们的反应，就像对待一个单口喜剧演员讲完侮辱性的笑话一样。现场的孩子按照要求，没有发出一丁点儿声音。詹姆斯将前往迈阿密创造一支超级球队，而他刚刚用粗劣的方式向全世界宣布了这个消息。“带着我的天赋”这种说法甚至不是他的原创，却立刻被打上了“愚蠢”的标签。

“我只是感到震惊，他没有准备一个更好的说法，”斯基珀表示，“说出这番话后，他让自己陷入了困境。”

“在这件事上他得到的建议非常糟糕，”斯特恩在节目播出的几天后表示，“这个（节目）非常欠考虑，制作非常粗糙，执行也很粗劣。我们这些关注他的人在节目播出前已经给出了意见。”

伤疤始终存在

家乡英雄决定前往其他地方打球，克利夫兰的球迷自然觉得很受伤。现实中可能不存在能让克利夫兰及阿克伦平静接受这个消息的方法，但詹姆斯显然没有做好工作，没有尽力让这些球迷理解自己的选择，而电视节目只是让局势进一步恶化。

10个月后，当詹姆斯在加盟热火队后第一个赛季的季后赛击败骑士队后，他第一次激动地谈起自己的感受。他说：“在我内心深处，尽管我很爱自己在骑士队的队友，也很爱家乡，但我知道只靠我一个人无法对抗（凯尔特人队）。至于事情的发展，我要因为事情的解决方式向家乡的朋友、家人和球迷道歉。能来到这里，加入这支球队，我知道这是人生中难得一遇的机会。”

假如詹姆斯在宣布计划之前或之后立刻做出上述表态，一些激烈的批评可能就不会出现。可在那天晚上，他想的并不是这些事。虽说在职业生涯中，詹姆斯在篮球及商业领域总能做出优秀的本能选择，但在《决定》的问题上，他完全迷失了方向。与《决定》有关的理念可能超前，但詹姆斯面对公众的反应，做出了人生中最大的一次误判。他知道自己会因为没有选择某支球队而让相应的球迷失望，但他并没有想到自己的做法会引来这么大的愤怒，也没有想到节目的呈现形式只会让他和他的团队更容易变成公众的靶子。

吉尔伯特似乎是最愤怒的那个人。节目播出后不到两个小时，吉尔伯特就向骑士队的球迷们发出了一封后来变得和《决定》一样臭名昭著的公开信。吉尔伯特在这封公开信里把詹姆斯称作“我们曾经的英雄”“自恋主义者”“曾经的国王”，把詹姆斯的节目称作“懦夫般的背叛”“自私的耻辱展示”“令人震惊的不忠表演”，以及“冷酷无情的行为”。

当我收到骑士队发来的包含这封公开信的邮件时，我惊呆了。信中的每一句话似乎都比前一句话更恶毒，我不敢相信这是一份正式的官方声明。一部分原因在于，大多数球队的官方声明不是这种格式。

这封邮件使用了大号的漫画字体。任何在过去接收过吉尔伯特私人邮件的人都知道，这是他喜欢的字体。

吉尔伯特公开个人想法的做法有很多值得探讨的地方，公众对此也进行了不少讨论。值得注意的是，尽管斯特恩对节目持否定态度，但他对詹姆斯并没有采取进一步行动，反而因为公开信对吉尔伯特做出了 10 万美元罚款的决定。至于电视节目，很多观众在詹姆斯宣布加入热火队后便不再观看。詹姆斯及其团队讨论过将一张 100 万美元的支票交给男孩女孩俱乐部的计划，希望用这种方式提醒观众这次活动的最终目的。但这个情况从未发生，时至今日也没有人知道究竟是什么原因。因此，很多人早就忘记，《决定》实际上是一个大型筹款活动。

最终，全美各地共有 59 家男孩女孩俱乐部获得总计超过 250 万美元的捐款，詹姆斯小团队还与惠普公司合作，向俱乐部送出了 1 000 台新电脑。活动所筹集的资金很大一部分流向了迈阿密、克利夫兰、大纽约地区、芝加哥、洛杉矶和格林尼治的男孩女孩俱乐部。俱乐部的屋顶得到修缮，运动场地得到翻新，资金大多用在了这些地方。假如能在节目开始的前 10 分钟突出这些善举，詹姆斯的声明就有可能带来不一样的结果。公众对他的选择本身的反应可能不会改变，记忆方式却有可能出现变化。

现实恰好相反，这件事的本意大部分已经湮没在了历史之中，甚至在事件发生的当时就被人遗忘了。当几个月后出现讲述资金用于当地男孩女孩俱乐部的报道时，这些报道也被看作“给猪涂口红”式的粉饰太平，进而被人们遗忘或驳斥。

节目的其余部分包含一段提前录好的詹姆斯在母校阿克伦高中的视频，以及 ESPN 电视台记者迈克尔・威尔邦（Michael Wilbon）对詹姆斯的采访。但总的来说，人们对这些内容的记忆很模糊。这种模糊的感觉持续到了第二天晚上，詹姆斯和新队友德维恩・韦德（Dwyane Wade）、克里斯・波什一起参加了在迈阿密美航球馆里举办的一场浮夸的签约仪式。在那个仪式上，詹姆斯做出了热火队将赢得 7 个总冠军的预测，而这个预测后来给他带来了负面影响。公平地说，做出这个预测时，他是在迎合体育馆里的观众，现场球迷也很吃他这一套。这与《决定》是截然不同的电视节目，负责制作的是热火队，但詹姆斯在随后的几年里承受着由此带来的负面影响。

一周后，ESPN 电视台在自己主办的 ESPY 年度颁奖仪式上（也就是在詹姆斯几年前主持过的仪式上）讽刺了詹姆斯。颁奖仪式中播放了演员史蒂夫・卡雷尔（Steve Carell）和保罗・拉德（Paul Rudd）出演的一个小品，其中扮演詹姆斯角色的卡雷尔说：“我要带着我的胃口去澳拜客牛排屋。”这只是过去的盟友抛弃詹姆斯的众多例子之一。

随着事件余波的不断扩散，詹姆斯及其小团队的其他人对 ESPN 电视台极为愤怒。他们觉得，作为合作伙伴，ESPN 电视台没有在节目播出后立刻为他们提供支持。播放威尔邦采访詹姆斯的片段时，ESPN 电视台向观众展示了球迷在克利夫兰焚烧詹姆斯球衣的画面。詹姆斯给出了合理的回应，他表示自己做出的并不是一个感情上的决定，而是一个商业决定。如果立场互换，假如骑士队决定放弃他，没有一个人会为他打抱不平。在克利夫兰的球迷们不断表达内心的感受时，詹姆斯的这一评论显得相当冷酷。在接下来的那个赛季，詹姆斯拒绝在全美直播比赛的大部分赛前或赛后接受 ESPN 电视台的一对一专访，以此作为无言的抗议。

可伤害已经成为现实。两个月后，一家评估大众对公众人物看法的公司 Q 分值（Q Scores Company）表示，詹姆斯的 Q 评级遭受了重大打击。和 8 个月前与詹姆斯有关的民调相比，当时认为他是正面形象的人数比例下降了 42%，而认为他是负面形象的人数比例增加了 77%。这项调查可以朝不同的方向解读，但毫无疑问，詹姆斯的公众形象受到了严重损害。

除了知道公众痛恨节目的呈现方式外，我们很难确定出现上述现象的具体原因。也许有一部分观众因为他加入热火队而心怀怨恨，不过，加入热火队虽然是一个夸张的选择，却并非心血来潮的决定。更重要的原因可能在于，人们认为詹姆斯处理声明的方式是极端利己主义的表现，冷酷无情，而且其中可能还掺杂着种族因素。Q 分值公司的报告显示，尽管詹姆斯在非洲裔美国人中的积极 Q 分值从 52% 下滑到 39%，但他的负面 Q 分值只从 14% 上升到 15%。由此得出的结论是，在黑人社区中，更多的人对詹姆斯持中立而非负面态度。

这个过程中被摒除在外的媒体，利用一轮又一轮狠毒的批评，不断放大事件的负面影响。詹姆斯在客场比赛时总能听到嘘声，即便在如孟菲斯、亚特兰大和波特兰等与他的决定毫无关联的地方也是如此。《决定》播出的那个赛季，詹姆斯的两连 MVP 被人打断——这一荣誉被德里克·罗斯收入囊中。在与新队友磨合的过程中，詹姆斯的数据出现了小幅下滑，但他认为输给德里克是外界对《决定》的惩罚，因为 MVP 奖项是由媒体投票选出的。后来的两个赛季，詹姆斯卷土重来，再次赢得 MVP，并在那段时间的季后赛里不断压制德里克和由其领衔的公牛队。

詹姆斯和他的小团队至今还对此抱有复杂的心情。加入迈阿密热火队是非常优秀的选择，詹姆斯在这个问题上从不后悔。球队连续 4 个赛季打进总决赛，詹姆斯也赢得了人生中的前两个总冠军。尽管 Q 评级不理想，2010—2011 赛季却是詹姆斯签名鞋销量最好的一个赛季。他的球衣销量冲到了联盟榜首，热火队比赛的收视率通常也是联盟最佳，更不用说他们捐给慈善机构的资金为孩子们带去了多么及时有效的帮助。

詹姆斯和他的小团队究竟该如何看待这个数据？这些都是他们一直以来的梦想，他们正在实现目标，也在开拓新的疆土。虽然收到了那么多负面评价和抵制，但卡特在传媒行业及权力经纪人中的地位与日俱增。当小团队聚集在一起评估损失时，他们发现很难承认自己怀有抱歉、后悔的心情。他们承认，整个项目的观感并不好，呈现方式也很糟糕，但基础理念与他们的希望完全吻合。那既是最好的时代，也是最坏的时代。

受《决定》牵连的主要受害者之一，是詹姆斯与格雷泽合作的电影项目。影片的名字已经从《梦幻篮球训练营》改成了《球手》（*Ballers*），环球影业和格雷泽的制片公司也已公开了制作决定，并聘请了导演，确定了 2011 年的上映日期，并计划在 2010 年夏天开拍。但受《决定》影响，影片的拍摄计划延期，并最终被束之高阁。

在比以前更受关注的环境下应对一切，詹姆斯很难受。他在篮球场上有过失败，也因为之前一年在季后赛里的糟糕表现而被人反复揶揄，但他从未遇到过这样的待遇。更糟糕的是，他放任自己接受一切信息。詹姆斯酷爱阅读，也喜欢看电视，他看到了外界的所有评论。

即便热火队在詹姆斯加盟的第一个赛季就取得了很多胜利，可外界的批评还是让詹姆斯感到震惊，甚至他的性格也因而发生了改变。他一度在开通不久的 Twitter 账号上写道："千万不要以为我不会在心里记下今年夏天指责我的那些人。我的意思是，所有人！”有时他还会贴出人们在社交媒体上向他发出的充满仇恨甚至是充满种族歧视意味的信息。他可能想通过这种方式引起外界的同情，但实际上给自己带来了更多的麻烦。因为这只会让其他人意识到，他们以为发向无底洞的信息，事实上真的触达了对方，这反而让詹姆斯收到的仇恨信息越来越多。

詹姆斯很难卸下戒备心，他甚至拒绝来自其他球员们无伤大雅的调侃。那年夏天，角色球员安东尼・托利弗（Anthony Tolliver）与明尼苏达森林狼队签下了一份相对平价的 450 万美元的合同。托利弗发布了一段视频调侃《决定》，他在视频中说：“我要把我的服务带到北方。”詹姆斯被激怒了，他回应道：“我听说了，我知道我们和森林狼队有两场比赛要打。”即便只是开玩笑，这个玩笑也不符合詹姆斯的性格。

然而，愤怒的詹姆斯并非真实的詹姆斯，他曾经尝试接纳这个版本的自己。比如在加入热火队的第一个赛季，他在客场对阵开拓者队的比赛中发挥得非常出色，他不仅得到了 44 分，还打出了非常优秀的防守，带领球队反败为胜。在那场比赛的现场，球迷向他发出了巨大的嘘声——詹姆斯从没想过自己会在波特兰遭受这么强烈的抵制。嘘声如暴雨般落下，赛后，詹姆斯似乎放弃抵抗了。

“我差不多接受了其他所有人安在我头上的恶棍标签，”他在那天晚上表示，“我没意见，我接受了。”

但实际上，他并没有放弃抵抗。第二天，当我写完与那番表态有关的一篇文章后，卡特给我打来电话，他想知道我为什么会写那篇文章。我告诉他，因为詹姆斯自己说出了那番话。卡特说他不认同，说那不是詹姆斯想说的，不是詹姆斯的感受。卡特和里奇·保罗找到詹姆斯，劝詹姆斯消气。几天后在洛杉矶，詹姆斯收回了那些话。这一切的根源都是《决定》，在超过一年的时间里，詹姆斯始终背着这个包袱。直到 2011 年年末，詹姆斯才走出这团迷雾，决心重新找回真实的自己。

可这个伤疤，始终存在。

“你知道，我觉得我们做的是很酷、很有趣的事，直到今天我还是这么觉得，”斯基珀表示，“在 ESPN 电视台，我们有比赛转播，有新闻节目，也有娱乐节目。这是个娱乐节目，我个人做出了制作这个节目的决定。现在回想起来，我只是觉得那个理念有点儿超前了。”

詹姆斯和斯基珀有着同样的观点。与《决定》有关的遗憾其实很复杂。在 2010 年，那是一个难以被接受的理念，即便放到今天，推出那样的节目也将面对极大的挑战。

“过去从没有过这样的东西,”格雷表示,“未来也不会再有。”

对那时的詹姆斯和他的小团队来说，他们不能等待，他们没有坐等历史公正评价《决定》的奢侈愿望。《决定》为他们带去了负面影响，迫使他们重新对事态进行评估。对詹姆斯来说，这也成为他商业生涯的转折点。

LEBRON, INC.

第 9 章

创建新事物，财富从 9 位数增长为 10 位数

LEBRON, INC.

商业思考

1. 永远计划干大事。
2. 想要合作，只有钱是不够的。
3. 认真挑选项目并对项目提出高要求，最终都会带来回报。
4. 选择具有内在价值的业务，利用人们想和詹姆斯做生意这个简单的欲望赚钱。

关键决策

斯普林希尔制片公司加速成为詹姆斯篮球场外事业的核心驱动力。

财富结果

1. 詹姆斯和卡特获得利物浦队 2% 的股权。
2. “不被打断”平台获得特纳体育和华纳兄弟 1 580 万美元的投资。

与芬威体育集团合作，用营销权换股权

2010 年秋天，在保罗 · 瓦赫特位于圣莫尼卡的办公室里，当芬威体育集团（Fenway Sports Group）的高管和马弗里克 · 卡特见面时，他们并不确定自己在做什么。

芬威体育集团是体育及市场营销领域的重量级玩家，而卡特正和有意在市场营销方面代理詹姆斯的公司见面谈判。之前负责此业务的 LRMR 那时正在扩大经营范围。里奇 · 保罗决定成为经纪人，他离开 LRMR，前往创新艺人经纪公司为詹姆斯的经纪人里昂·罗斯工作。由于 LRMR 已经基本放弃了这方面的业务，所以保罗计划将注意力主要集中在球员招募上。

赛场之外，詹姆斯开始将更多精力投入媒体和娱乐业务中。即便纪录片项目搁浅，詹姆斯还是开发出了一部卡通系列片。在这部以耐克人气广告为雏形的动画片《勒布朗一家》（*The LeBrons*）中，詹姆斯一人扮演 4 个角色。LRMR 之前帮詹姆斯协商的一些营销协议，

比如州立农业保险公司和麦当劳，都得到了外力的帮助，尤其是来自斯托特的援助。现在，LRMR 开始寻找更多的援手。

以上理念和框架都很合理，可问题是，芬威体育集团并不代理个体运动员，他们代理的都是大品牌和球队。芬威体育集团的大股东是约翰·亨利（John Henry），他过去做期货交易员时取得了巨大成功。亨利拥有十多个合作伙伴，其中最重要的一个是汤姆·沃纳（Tom Werner）——一名成功的好莱坞制片人，恰好也是瓦赫特的密友。按照惯例，瓦赫特已经在巴菲特的年度股东大会即伯克希尔－哈撒韦大会上介绍卡特与亨利和沃纳认识了，可对瓦赫特来说，若想让交易变为现实，他还得发挥更多的创造力。

2001 年，芬威体育集团以一份复杂的协议买下了职棒大联盟的波士顿红袜队，瓦赫特在交易过程中起到了协助作用。沃纳多年来一直是圣迭戈教士队的小股东；亨利则是佛罗里达马林鱼队的控股股东，同时他还拥有纽约洋基队的一小部分股权。收购过程的各方利益原本已经够复杂了，而让局面更加复杂的，则是其中还涉及了蒙特利尔博览会队的所有权。当收购最终完成后，亨利买下了红袜队，沃纳和他一起成为球队的所有人，并担任掌管球队电视业务的主席。

2007 年，芬威体育集团收购了纳斯卡汽车赛（NASCAR）中劳什赛车队（Roush Racing）的部分股权。2010 年，芬威体育集团用 4.8

亿美元收购了利物浦足球俱乐部（简称利物浦队），那也是一笔极具挑战性的交易。利物浦队的前老板破产了，亨利在一场竞价大战中从银行手中买下了球队，瓦赫特在其中同样起到了协助作用。和他们一起买下球队股权的还有新英格兰体育网（NESN），这是一家地方电视台，专门在美国的新英格兰地区转播红袜队的比赛。这是一个相当惊人的投资组合，可他们能和詹姆斯一起做什么生意？虽说詹姆斯是一个超级球星，是一个大品牌，但他毕竟不是球队。

“瓦赫特在构建合作关系方面有着无与伦比的本能，”芬威体育集团 CEO 萨姆·肯尼迪（Sam Kennedy）表示，“瓦赫特明确告诉我们，詹姆斯不是一个简单的运动员，詹姆斯本身就是一个品牌。他和卡特有一个不同寻常的、出色的计划。他们从长远打算，思考的是体育俱乐部的价值。他们表示愿意放弃传统的操作方式，并聪明地下了赌注，将宝押在亨利和沃纳的能力上，相信他们能像成功运营红袜队一样运营利物浦队。”

归根结底，那是属于瓦赫特的推销活动。还处在《决定》的余震中，瓦赫特和卡特就确定了一份将过去 5 年他们找出的优先选择结合在一起的计划：比如选择具有内在价值的业务，比如利用人们想和詹姆斯做生意这个简单的欲望赚钱的能力。经过价值衡量，他们计划通过捕捉固定支票以外其他价值的方式，尽可能地从每一笔生意中赚取更多的收益。

最终，詹姆斯和芬威体育集团达成这样一份协议：芬威体育集团有权与外界协商，游说詹姆斯参与商业活动并收取一定比例的佣金。此外，公司还能将詹姆斯的名字加入自身资产——尽管在公司总部波士顿，詹姆斯是凯尔特人队的死敌，但公众的反应可能会比较有趣。作为回报，詹姆斯和卡特将获得芬威体育集团刚刚收购的利物浦队的一小部分股权。最后，这部分股权被确定为2%。

坦白地说，要不是瓦赫特和沃纳是朋友，这事儿根本不会发生。这是一笔慷慨的交易，然而，一个20多岁的运动员因为买入英国足球俱乐部的股权而感到满意，这并非常态，这体现出卡特和詹姆斯在对价值的理解上超越年龄的成熟。当然，如果不是詹姆斯拥有超高人气，芬威体育集团也不可能愿意分出如海滨豪宅般高价值的股权。但双方的协商仍然持续了一个冬天，并延续到2011年春天。用球队的股权换取营销权利，这是美国运动员所达成的最独特的协议之一。

上述协议达成后不久，詹姆斯前往利物浦队，在著名的安菲尔德球场观看了一场比赛。芬威体育集团还安排詹姆斯与球队球员见面，詹姆斯为每个人都带去了礼物。读到这里，你应该已经猜到礼物是什么了：每个球员都能佩戴并且能被公众看到的定制版Beats耳机。

詹姆斯和芬威体育集团合作后不久，他们的第一份交易便是与瑞士奢侈手表品牌爱彼（Audemars Piguet）达成的营销协议。这笔协议金额不大，每年不到 100 万美元，却是詹姆斯和芬威体育集团合作时致力寻求的那类国际化市场营销协议。

瓦赫特自然也参与到了这份协议中。瓦赫特的第一个客户施瓦辛格从 1998 年起就开始代言爱彼的高端手表，瓦赫特也与这个瑞士家族公司有着悠久的渊源。2013 年，爱彼发布了一款刻有詹姆斯名字的特别款手表，售价 5.15 万美元，这款手表总共只生产了 600 块。

2012 年，芬威体育集团帮助詹姆斯和快餐连锁品牌唐恩都乐（Dunkin'Donuts）达成协议。本质上这也是一笔内部交易，因为芬威体育集团当时正负责唐恩都乐的国际营销业务。按照协议，詹姆斯将在中国、韩国和印度代言唐恩都乐和芭斯罗缤（Baskin-Robbins）的冰激凌。这是双方都想看到的联系：唐恩都乐借助了詹姆斯在亚洲的人气，而詹姆斯则收获了 7 位数的国际合作协议。芬威体育集团后来又协助促成了詹姆斯与三星和前进保险公司（Progressive Insurance）的合作（在詹姆斯与州立农业保险公司的协议结束后）。

詹姆斯一方在这些合作中获得了丰厚的回报。到 2018 年年末，《福布斯》对利物浦队做出了 19 亿美元的估值，这是亨利及其合作伙伴 8 年前买入价的 4 倍。这意味着詹姆斯和卡特获得的股份价格同样出现飙升，按照当时的价格，他们的股权价值已经超过 3 000 万美元，这还不包括芬威体育集团帮助詹姆斯签下的赞助协议的收入。对詹姆斯来说，这确实是一份很棒的协议，而这也是瓦赫特这些年来在詹姆斯商业发展中起到重要作用的又一例证。

放弃 4 年 1 500 万美元，担任烈焰比萨品牌大使

尽管芬威体育集团的高管坚称这次合作让双方均获得了良好的收益，但芬威体育集团获得的佣金不可能与利物浦队股价的增长相提并论。部分原因在于，詹姆斯对其他公司赞助合同的兴趣越来越小。虽说高端手表和来自中国的赞助协议为他们带来了收益，但詹姆斯和卡特经常放弃类似的协议，转而去寻求更多可以获得股权的途径。

与芬威体育集团合作的一大好处，就是令詹姆斯和卡特与沃纳建立起商业上的联系，让双方随着时间的推移能不断深化彼此的关系。2012 年，他们又达成了新的合作：詹姆斯和卡特、玛利亚及她的儿子帕特里克·施瓦辛格（Patrick Schwarzenegger）一同加入了沃纳投资的初创连锁餐厅烈焰比萨。当要决定是否加入投资团队时，按照詹姆斯本人的说法，他亲自前往餐厅位于加州尔湾的第一家门店，按照赛百味式的自选方式品尝了那里的比萨。在认可了烹饪流程和产品后，他决定投资。

不得不说，瓦赫特再次协助詹姆斯他们达成了协议。除了投资，詹姆斯还获得了餐厅在迈阿密和芝加哥的特许经营权，并在 5 年内开设了超过 20 家门店。和詹姆斯过去达成的协议相比，这是更为传统的投资。尽管烈焰比萨因为詹姆斯的加入而获益，但他们并没有像詹姆斯与 Beats 耳机签订市场营销协议一样达成过正式的合同。

这种情况在 2017 年出现了变化。烈焰比萨的发展非常迅速，《福布斯》表示，4 年内从两家门店扩大到 200 家门店的烈焰比萨，是历史上发展速度最快的连锁餐厅。瓦赫特和卡特发现了一个窗口，并做出了符合他们风格的操作。

詹姆斯与麦当劳的赞助合同在那年年底即将到期，那是詹姆斯与传统大品牌达成的一笔回报丰厚的协议，也是詹姆斯和卡特过去 10 年的追求。麦当劳开出了 4 年 1 500 万美元的续约合同，这份报价很不错，而且每年只需要占用詹姆斯几天的时间。但烈焰比萨愿意提高詹姆斯在公司的收益，为他量身打造了一个“品牌大使”的头衔，这比“代言人”听起来厉害多了。烈焰比萨有意向国际市场扩展，这也能为詹姆斯打开更多可供投资的市场。此外，烈焰比萨还提供了比詹姆斯最初买入份额更多的股权。乔丹与麦当劳的合作持续了很多年，赞助费用达到数百万美元，而詹姆斯、卡特和瓦赫特着眼的却是千万美元。

“我觉得对我来说，那就好像‘哦，天哪，我们真的可以亲手构建一个东西’。忘了钱吧，我们真的可以打造出一样东西。如果没有成功，那我能责怪的只有自己，”詹姆斯在他自己创建的媒体平台“不被打断”（Uninterrupted）网站上的一档播客节目中宣布与烈焰比萨的协议时表示，“我心想，谁不喜欢比萨呢？我在世界上不认识一个不喜欢比萨的人。”

詹姆斯小团队中的一些人认为，烈焰比萨的这笔投资在未来几年有可能带来超越 Beats 耳机的回报。成为“品牌大使”后，詹姆斯对品牌的推广更多地集中在社交媒体和他自己的媒体平台上，他甚至不需要抽出几天时间去确认并拍摄广告。至于麦当劳开出的、被他们放弃的 1 500 万美元，早已被忘在脑后。

创作电视剧，改变商业焦点

与芬威体育集团和烈焰比萨相继达成合作后，詹姆斯与沃纳的关系变得越来越重要，也越来越有价值，特别是在詹姆斯小团体希望更多地涉入那些带有沃纳名字，也就是创造内容的业务时。沃纳是历史上最成功的电视制片人之一，他最知名的两部作品就是《考斯比秀》和《罗丝安妮》。但沃纳的成功显然不限于此，他的作品还包括《另一个世界》（*A Different World*）、《被攻击的格蕾丝》（*Grace*

Under Fire）、《歪星撞地球》（*Third Rock from The Sun*）、《70 年代秀》（*That'70s Show*）等。棒球一直是他的副业。做教士队老板期间，他曾让《罗丝安妮》的主演罗丝安妮·巴尔（Roseanne Barr）在赛前的国歌仪式上演唱国歌，巴尔那怪异的表演至今还留存在人们的记忆中。

2013 年，沃纳打电话找到卡特，提议拍摄一部以一名 NBA 球员为蓝本的电视剧。让我们在这里稍作暂停：尽管卡特和詹姆斯在传媒行业的经验非常有限，但沃纳这个取得过巨大成功的制片人还是愿意与他们合作。卡特和詹姆斯制作了《不只是一场比赛》，虽然结果让他们感动、让他们快乐，但这部纪录片并不算成功。他们也制作了《勒布朗一家》，但那只是在 YouTube 上播放的一系列 5 分钟短片。他们的大电影项目如履薄冰。

与此同时，卡特参与了一家名叫 Sheets 能量薄片的新公司的大量宣传工作。这家公司生产含有咖啡因的含片，希望打进由红牛和 5 小时能量（5-Hour Energy）等运动饮料控制的市场。卡特和詹姆斯当然拥有这家公司的股份，他们确定了 1 000 万美元的市场营销预算，并以“含上一片”（take a sheet）这句流行语为核心进行广告宣传。音乐人皮普保罗（Pitbull）也参与了这家公司的业务，他说自己“会在舞台上含上一片”。《广告周刊》（*Adweek*）认为这是当年最差的广告。公司最终走向失败。好吧，没有人能 100% 成功，世界上总有赢家和输家之分，但卡特和詹姆斯仍在学习。

由于生意上的关联，加上卡特的想法和行事方式给沃纳留下了深刻印象，沃纳主动联系了卡特。他们进行了探讨，卡特和詹姆斯一起提出了更多想法，沃纳则向电影公司和电视台推销。负责说服好莱坞的，是沃纳这位制作过 50 多部电视剧、从业经历可以追溯到卡特出生前的制片人。

这就是《幸存者的悔恨》(*Survivor's Remorse*) 的诞生经历。这是一部由沃纳、卡特和詹姆斯合作创作的电视剧。这部电视剧彻底改变了詹姆斯的商业焦点，令斯普林希尔制片公司加速成为詹姆斯篮球场外事业的核心驱动力。读到这里，想必不用说你也知道，瓦赫特在其中扮演了重要角色。卡特在滑雪度假时向瓦赫特提出了关于这部电视剧的想法。

电视剧的试播集集合了詹姆斯和卡特的人生经历：一个出身贫困社区的球星进入 NBA，让童年伙伴处理他的事务，他们面临着如何与家乡亲友打交道的挑战。瓦赫特对这种想法很感兴趣，所以他做了自己能做的事：介绍卡特等人与和自己相识多年的 Starz 电视台业务高管克里斯·阿尔布雷克特 (Chris Albrecht) 认识。经过几次宣讲会后，Starz 电视台买下了电视剧。瓦赫特加入詹姆斯、卡特和沃纳的小团队，成为电视剧的执行制片人。

詹姆斯不参与主演是这部电视剧创意的核心，他只是影响剧集创作，同时进行市场营销，这让创意理念在整体上提升到了全新的高度。如果这种操作能够成功，未来就会有数不清的机会等着他们。归根结底，詹姆斯首先是一名篮球运动员，大部分时候，他的精力要集中在篮球上。詹姆斯不可能成为全职制片人，甚至也不可能做兼职演员。他客串出演过《幸存者的悔恨》，但仅此而已。

他们想的是利用詹姆斯的人气，在他仍处于职业生涯巅峰期时为退役后的生活做好长期准备。通过赢得 MVP 和总冠军，詹姆斯在公众中的受欢迎程度从《决定》后开始反弹。詹姆斯小团队同时在传媒行业大步前进，他们聘请了一位名叫亚当·门德尔松（Adam Mendelsohn）的新媒体策划人。门德尔松制订了重塑詹姆斯形象的计划，并很快成为备受重视的小团队成员。门德尔松在进入私营领域前，担任过加州州长施瓦辛格的副幕僚长和公关主管。

《幸存者的悔恨》开始在电视上播放，这似乎让詹姆斯和卡特创建传媒帝国的梦想有了成真的可能。电视剧的质量也很高，最终播出了 4 季，以任何好莱坞的标准来评判，这都是成功的。这部剧拥有数量虽少但非常忠诚的观众，也很受评论界的喜爱，尤其是剧中以真实而有趣的方式解决复杂问题的手法，深受观众的欢迎。这是卡特和詹姆斯在相关领域第一次真正的成功，但其实这与几年前他们和坎农戴尔的合作并无本质区别。与坎农戴尔的合作引起了他们利用詹姆斯的名声进行投资的兴趣，而制作、完善《幸存者的悔恨》让他们有了更多的动力去追逐新的兴趣。

这也给他们的行事方式带来了重大改变。随着斯普林希尔成为正常运转的制片公司，他们开始接受其他人的创意，而不只由自己创作。而其他人提出的，既有特意与詹姆斯产生关联的创意，也有与詹姆斯毫无关系的创意。

很快，随着合作伙伴越来越多，斯普林希尔制片公司开始投入众多电视节目的制作中。随着团队在传媒行业的不断发展，LRMR 开始更多地承担幕后的行政角色，而卡特则不再自称 LRMR 的 CEO，而是开始用斯普林希尔制片公司 CEO 的头衔为自己定位。

他们与迪士尼 XD 电视台联合制作了一档节目，ESPN 电视台的一些高管称之为《成为》（*Becoming*），节目详细讲述了顶尖运动员们的人生经历，詹姆斯的故事出现在首播集。他们为 CNBC 电视台制作了一档名为《克利夫兰进取者》（*Cleveland Hustles*）的真人秀节目，节目内容是追踪克利夫兰低收入地区的创业者并为这些创业者提供资金。接着他们又与 NBC 电视台一起制作了游戏节目《墙壁》（*The Wall*），这是一种新型的答题赚钱类节目。在这个过程中，斯普林希尔制片公司不断推出作品、打造品牌，还赚到了不少钱。

在詹姆斯转向传媒业务的三叉戟计划中，制片公司斯普林希尔的发展只是其中之一。计划中的 3 个分支独立发展，但又共同成长。

“我回家了”，重返克利夫兰

2014 年，詹姆斯决定离开迈阿密热火队，重返克利夫兰骑士队。无论是对詹姆斯的职业生涯还是 NBA 的历史进程来说，这都是一个大事件。这其中发生了很多事，也带来了很多结果。为此，我当时专门写了一本名为《勒布朗·詹姆斯：王者归来》（*Return of The King*）的书。

詹姆斯宣布回归骑士队这一决定的方式，与他 2010 年的《决定》从表面和本质上看都有着显著区别。这一次，詹姆斯没有选择电视直播，而是在《体育画报》网站上以公开信的方式让公众知晓自己的决定。这封公开信的作者除了詹姆斯，还有以好文笔著称的特写记者李·詹金斯（Lee Jenkins）。这是门德尔松的主意，他认为这是控制信息、避免信息被外界简单地理解为类似“带着我的天赋前往南海滩”的更好的方式。

说实话，这种操作的基本理念和《决定》并没有太大区别，但他们这次没有把控制权交给电视台，而是交给了允许詹姆斯控制信息的主流杂志及其网站。2010 年，ESPN 电视台因为这么做而广受批评，可到了 2014 年，《体育画报》却备受称赞。两者的区别，实际上在于传达信息的方式。

这一次，詹姆斯第一时间宣布了自己的选择，而不是像 2010 年那样拖延了 10 分钟。公开信的标题为《我回家了》，内容则是一篇文笔流畅、充满个人感情的文章，对詹姆斯重回克利夫兰做出了合理解释。詹姆斯还承诺将一步一个脚印、缓慢但扎实地走好这一段旅程。这一次，詹姆斯没有承诺 7 个总冠军——当年他加入热火队后在电视直播中做出的轻率承诺，日后给他带来了很多痛苦。在一名优秀作家的帮助下，经过多轮修改审核，公开信最终取得了让各方都更加满意的结果。而对普通球迷而言，浪子回家、弥补前过的故事，显然比之前雇佣兵加入一支不败球队的故事更加吸引人。另外必须指出的一点是，那时詹姆斯的履历和之前已大不相同：他已经赢下了两个总冠军，这让他拥有了在 2010 年时不曾拥有的资本。

詹姆斯小团队表示，2010 年那天晚上，当他们坐飞机从康涅狄格州飞往迈阿密时，《决定》带来的那些糟糕的影响给他们带来了极大冲击。焚烧球衣的视频随处可见，人们在社交媒体上的激烈抨击也初露端倪。等到热火队总裁帕特·莱利（Pat Riley）和主教练埃里克·斯波尔斯特拉（Eric Spoelstra）在迈阿密的私人飞机航站楼迎接他们时，詹姆斯等人的情绪已经变得有些抑郁。斯波尔斯特拉带来了曲奇饼干准备庆祝，但他们想要的是烈酒。

到了 2014 年，他们在飞机上了解到公开信发出后收到了不俗的效果。詹姆斯在迈阿密公布选择，当天晚上他在克利夫兰签完合同后，连夜乘飞机前往里约热内卢，在那里他因世界杯决赛和耐克有一些合作。当耐克的湾流飞机向南飞过加勒比海，高档红酒被打开时，小团队开始谈论外界的反应以及由此带给他们的经验教训。和《决定》一样，这一次的重点实际上也在于运动员赋权。詹姆斯有话要说，而直接面向球迷令詹姆斯和球迷之间建立了联系，至少在这一次，这么做让他得到了回报。这种情况可以复制吗？

创建媒体平台“不被打断”

梅里特在那架飞机上，门德尔松也在。门德尔松的政治背景意味着，创造并发布信息是他的日常工作。詹姆斯的公开信从某种程度上说就像一次政治演讲，是需要在一个平台上发布的一份声明。作为公关公司的合伙人，门德尔松对媒体趋势及事态发展走势保持着高度关注。年轻消费者对数字媒体的利用发展迅速，他们正在远离传统的信息发布渠道。这是门德尔松在发布声明时放弃包括 ESPN 电视台在内的传统渠道，转而选用《体育画报》网站这个数字渠道的原因之一。

那篇文章里有这么一句：“写这篇文章，是因为我想要一个不被打断的解释自己的机会。”这就是他们的基础理念，他们要的是一个不被媒体过滤或删减、不受社交媒体字数限制的呈现机会。他们要的就是“不被打断”。坐在飞机上，小团队想出了计划：他们希望创建一个数字媒体平台，让运动员们能像詹姆斯刚刚那样，不被打断地传达信息，且信息易于在社交媒体上分享。如果能通过出售给品牌或得到赞助的形式利用这些故事赚钱，那就再好不过了。他们决定就用“不被打断”为这个平台命名。

有这种想法的并非只有他们。在“不被打断”网站的后续发展过程中，棒球明星德里克·基特（Derek Jeter）和他的经纪公司卓越体育管理公司（Excel Sports Management）也产生了类似的想法。2014年秋天，基特从纽约洋基队退役后不到一周，就宣布成立一个名为“球员论坛”（Players'Tribune）的网站。就像詹姆斯在《体育画报》网站上做的那样，运动员可以在论坛上发布自己的文章。卓越体育管理公司旗下拥有众多世界顶尖运动员，这让他们随时可以成为网站内容的贡献者。18 个月内，基特的理念得到了一些运动员的支持，并筹集到 1 800 万美元的资金，其中还包括来自科比的投资。

“不被打断”网站拥有正处于巅峰期的大牌明星詹姆斯，有卡特和门德尔松负责发展理念，此外还拥有一个极有价值的中间人，那就是我们熟悉的瓦赫特。

瓦赫特拥有广泛的人脉，在众多机构中拥有头衔，其中，从 2010 年起，他就是时代华纳的董事会成员。作为世界上规模最大的媒体公司之一，时代华纳控制着众多极具影响力的媒体品牌，其中包括华纳兄弟、特纳体育（Turner Sports）、HBO 电视台和露天看台体育报道网站（Bleacher Report）。在詹姆斯的斯普林希尔制片公司及“不被打断”网站的发展过程中，其中很大一部分业务就是与时代华纳旗下的这些实体产生紧密关联并获得投资的，而这些都是在瓦赫特的引导下所建立的良好关系的成果。

卡特招募并签下了一些大牌运动员，向他们送出新媒体平台的股份，让他们录制视频并推荐给新的平台。平台最早的一批合伙人包括新英格兰爱国者队的罗布·格隆科夫斯基（Rob Gronkowski）、金州勇士队的德拉蒙德·格林（Draymond Green）和 UFC 格斗运动员朗达·罗西（Ronda Rousey）。与特纳体育协商后，这些运动员录制的视频出现在露天看台体育报道网站上。这个新平台第一个充满野心的计划，就是制作一部詹姆斯和格林的系列纪录片，两人当时即将站上 2015 年总决赛的舞台成为对手。

进入演艺圈，以制片公司的身份参与娱乐业

在这些工作进行的同时，还有一项业务也在进行中，那就是詹姆

斯的演艺事业。他出演过一些广告，也接过配音这类小型工作。此外，他还主持过《周六夜现场》，但那是好几年前的事了。

詹姆斯的第一个重量级角色出现在2014年夏天拍摄的喜剧电影《生活残骸》(*Trainwreck*)中。喜剧演员、该片编剧埃米·舒默(Amy Schumer)最初把詹姆斯写进剧本，只是因为詹姆斯是她知道的最有名的篮球运动员，而不是因为她真的以为詹姆斯会参演。可当电影选定由哈德尔担任主演后，因为哈德尔在《周六夜现场》与詹姆斯搭档演出过，所以詹姆斯参与电影拍摄便成为可能。哈德尔和导演贾德·阿帕托(Judd Apatow)把剧本拿给詹姆斯，并邀请他共进午餐。

詹姆斯和卡特起初并不喜欢这个剧本。按照剧本安排，詹姆斯会因为膝盖伤病而与哈德尔扮演的医生产生联系，卡特不希望詹姆斯在电影中被塑造成受伤运动员的形象，詹姆斯过去也从未出现过膝盖伤病。于是阿帕托和舒默修改了剧本，让詹姆斯成为哈德尔所扮演角色的好友。有过膝伤历史的球员阿玛雷·斯塔德迈尔(Amar'e Stoudemire)并不介意扮演受伤运动员。

詹姆斯不是一个有过票房大卖历史的电影明星，让他在片中担任配角并不等于电影一定能获得好票房，阿帕托本可以找到另一个愿意穿着病号服出演的篮球运动员。卡特和詹姆斯明白，最初的拒绝具有一种力量，阿帕托、舒默和哈德尔迫切希望与詹姆斯合作，以至于他们愿意修改多处情节，以说服詹姆斯参演。舒默和哈德尔还在剧本中为詹姆斯设计了一些非常有趣且让人印象深刻的台词。

在对方做出这些努力后，詹姆斯被说服了。2014 年夏天与骑士队签约后不久，他前往纽约，在那里拍摄了一周左右。按照制片方的拍摄计划，詹姆斯的所有镜头都被留在最后拍摄。这里需要再次强调的是，詹姆斯成为知名篮球运动员在其中起了不少作用。显然，认真挑选项目并对项目提出高要求，最终都会带来回报，这是詹姆斯和卡特在这些年里学到的经验。结果不一定总是理想的，但大多数时候他们都能获得满意的回报。

2015 年电影上映时，詹姆斯的角色受到了评论人和观众的一致好评。阿帕托和舒默在电影中为他设置了恰到好处的出场次数，其中的笑话既不会给人老调的感觉，也没有用力过度的感觉。简而言之，这部电影对詹姆斯而言堪称完美，是他进入演艺行业的完美方式——既不过于隆重，也不过于轻描淡写。这为他打开了众多可能性。

詹姆斯当然不是进入演艺圈的第一个大牌运动员。从吉姆·布朗（Jim Brown）到威尔特·张伯伦（Wilt Chamberlain）再到奥尼尔，在詹姆斯之前有很多运动员都进入过娱乐业，可没有一个人拥有和詹姆斯一样的远见，以制片公司的身份参与其中。这要感谢瓦赫特和卡特，他们让詹姆斯在这方面尝试一些不同的做法。

跳板，与华纳兄弟签订全方位协议

将“不被打断”网站的第一条视频放在露天看台体育报道网站上播放，这只是詹姆斯小团队与时代华纳合同的一道前菜。2015 年夏天，就在《生活残骸》在电影院上映时，卡特又确定了一份重要的协议。与耐克的协议具有革命性意义，和芬威体育集团的协议颇具创意，而这份协议的范围则更为广阔。与华纳兄弟达成多平台协议后，詹姆斯和卡特得到了在大小银幕上创作内容的机会。

作为协议的一部分，华纳兄弟会为斯普林希尔制片公司提供一笔开发资金，让卡特可以增加更多人手，以提高内容制作的速度。他们在伯班克的华纳兄弟影城为詹姆斯和卡特留出了一间木屋作为办公地点，那个地方人称“华纳村”，曾是电视剧《吉尔莫女孩》（*Gilmore Girls*）的拍摄场地。更重要的是，华纳兄弟获得了斯普林希尔制片公司制作的所有电影、电视剧以及数字媒体节目的版权。这类似于克林特·伊斯特伍德（Clint Eastwood）、J. J. 亚布拉姆斯（J. J. Abrams）和本·阿弗莱克等好莱坞重量级人物与电影制片厂签订的协议，而与这些人的协议不同的是，斯普林希尔制片公司在制作流水线上已将电视节目和数字节目准备就绪。

没过几个月，局势出现了新变化：特纳体育和华纳兄弟共同向“不被打断”网站投资 1 580 万美元，为增加员工人数和业务项目提供资金。时代华纳已经深度参与进这个由卡特与詹姆斯共同打造、门德尔松提供意见、瓦赫特担任协调人的全方位内容创作机构。这是相当强力的助推，是 10 年前卡特和詹姆斯思考如何掌控赛场外商业利益时的梦想。就是这样的商业机构，让詹姆斯的财富得以从 9 位数增长为 10 位数。

时代华纳的高管很喜欢卡特，卡特专门花时间和特纳体育的掌门人大卫·利维（David Levy）、负责华纳兄弟电视业务的杰·莱文（Jay Levine）以及运营 HBO 的理查德·普莱普（Richard Plepler）建立起联系。这些人显然都想和卡特及詹姆斯做生意，但他们可能也有意招募詹姆斯协助制作《空中大灌篮 2》（*Space Jam 2*），电影制片人们过去十多年一直想拍摄这部电影，而电影的所有权正是在华纳兄弟手里。

早在 2012 年，人们就想让詹姆斯重新出演乔丹在 1996 年第一部《空中大灌篮》里扮演的角色。2014 年，一名电影制片人找到我，并向我咨询怎样才能接触到詹姆斯，他想把自己制作的电影版本呈现给詹姆斯。这名制片人希望在 2016 年前，也就是第一部电影上映 30 周年时完成制作。但这没能成为现实，即便詹姆斯出演《生活残骸》取得成功后，也是如此。卡特和詹姆斯听取了对方的提议，读了剧本，对《空中大灌篮 2》的创意研究了好几年。如果这部影片能够大卖，就能为制片公司带来上亿美元的收入，成为詹姆斯在篮球场外最有价值的投资。

从2003年坐下来考虑锐步的报价，到2014年与阿帕托见面，这些年来贯穿始终的一个主题就是：要想让詹姆斯和卡特同意合作，只有钱是不够的。“永远计划干大事”是他们的座右铭之一，再加上瓦赫特这个宝贵的盟友，他们把很多设想变成了可能。

当然，詹姆斯本可以在拍摄完《生活残骸》后就同意参演《空中大灌篮2》。电影自然会收到良好反响，他也能赚到很多钱，可当他们已经与华纳兄弟签订了全方位协议、自己的多个传媒业务可因此在未来很多年里取得成功时，又何必急于去拍这部电影呢？最终，2018年与华纳兄弟续约时，詹姆斯和卡特认可了《空中大灌篮2》的剧本和制片人及导演人选，并把拍摄时间定在2019年。卡特和詹姆斯都将成为执行制片人。

与此同时，华纳兄弟和HBO为斯普林希尔制片公司制作的十多部电视节目和数字节目开了绿灯，并希望其中能有一两部成为热门。利物浦队打进了欧冠决赛，新的转播协议使其年营收超过4.6亿美元，利润超过5 000万美元。烈焰比萨也设定了2019年年底前开设500家门店的目标。

从出售夜店派对 50 美元一张的门票开始，他们走过了一条漫长的道路。

“对我来说，我在想办法不让自己的决定归结到能否赚到更多的钱上，”詹姆斯说，“我想的是打造一些东西。这就是我们一直以来做的事——创建新事物。”

LEBRON, INC.

第四部分

洛城版图

第 10 章

分享财富，
用影响力帮助青少年

LEBRON, INC.

商业思考

1. 学会做一个慈善家。
2. 搞清楚究竟该和谁合作，以及如何建立支持网络。
3. 拥有巨大的影响力和庞大的社交媒体粉丝群，可以让你不受媒体过滤地传达信息。

关键决策

成立勒布朗·詹姆斯家庭基金会，用影响力帮助青少年。

财富结果

詹姆斯在 2011 年捐出 8.9 万美元；2012 年，捐款总额超过 75 万美元；2013 年，詹姆斯捐出了 150 万美元。到 2016 年时，勒布朗·詹姆斯家庭基金会每年的捐款总额超过 350 万美元。

学会做一个慈善家

那是 2006 年 6 月底一个阳光明媚的日子。詹姆斯和几个前来支持他的骑士队队友一起骑着自行车穿梭在家乡的街道中，和身边成群的孩子相比，他的个头很是显眼。孩子们都穿着证明他们参与了“皇帝支持孩子骑行马拉松”（King for Kids Bikeathon）活动的 T 恤，作为活动的第一部分，他们每个人都筹集到了至少 100 美元，未来这些钱将被捐给慈善机构。

家长们站在绳索和路障后不停拍照。警察封闭了城市街道，这样骑手们就可以悠闲地骑到阿克伦市中心的终点线。这个活动的目的就是一边推广健身理念一边筹集资金，同时向一些没有自行车的孩子捐赠自行车。微软在网上直播了这次骑行马拉松，这真是一场了不起的活动。

只不过作为活动主要捐赠者的勒布朗 · 詹姆斯家庭基金会在这场活动中出现了亏损，前一年他们同样出现了亏损。骑行马拉松也给阿克伦市的财政带来了负担，因为市政府需要为警察和其他人支付加班费，以维持活动的进行。骑行马拉松对普通家庭是好事，也能激励孩子，也许归根结底这才是关键所在。但从商业角度来看，骑行马拉松确实是一项负资产。

在 NBA 生涯早期，詹姆斯需要学会应对密集且高强度的日程安排，他必须学会让身体康复，寻找接受治疗和休息的固定时间。在商业方面，他也需要搞清楚究竟该和谁合作，以及如何建立支持网络。此外，詹姆斯还得学会做一个慈善家。

从一开始，詹姆斯就想把家乡阿克伦设为慈善工作的基地，同时想把焦点集中在孩子身上。詹姆斯总是觉得，相比成年人，他更能和孩子产生共鸣。很多成年人总想从他那里得到什么，想利用他或者靠他赚钱；而在孩子身上，他能找到平静和纯洁。进入 NBA 的第一个赛季，他的年龄和一些与基金会合作的孩子相仿，他与一些队友的年龄差距反而更大。詹姆斯想起了自己艰苦的童年，那段与贫困抗争的短暂时光。

2004 年，他专门成立了勒布朗·詹姆斯家庭基金会。但运动员设立的基金会大多会陷入挣扎，成立初期尤其如此。根据《波士顿环球报》（*Boston Globe*）的一份报道，棒球明星罗德里格斯的基金会在成立第一年里只将收入的 1% 用作慈善活动，因而被剥夺了免税权利。运动员们大多怀有良善的本意，却因为过于繁忙而无法坚持到底，导致基金会人手不足或者成为诈骗事件的受害者。

在成立的前 3 年里，基金会始终处于亏损状态。作为一场有着极大积极影响的年度活动，骑行马拉松是导致基金会出现赤字的主要原因。在缺少赞助商的前提下举办规模如此庞大的活动，支出的资金势必比筹集到的多。两年后，他们终止了这个活动（不过后来换了一种形式重启），詹姆斯也换掉了基金会的负责人。随后，一名与基金会合作过的志愿者利用基金会的名字和信笺设下了一个骗局，在一个水上乐园举办活动，最终花掉了 1.3 万美元。詹姆斯的目标并不只是写支票、给钱，他希望引入合作伙伴和社区，让捐赠形式多元化。可这是一项复杂的任务，早期并没能成功。继 2007 年更换了基金会的所有员工后，詹姆斯又在 2009 年解雇了所有人，把基金会的业务外包给了其他机构。

詹姆斯的一些赞助合同中包含慈善元素，这让他可以将一部分收入转入慈善事业。雪碧和州立农业保险公司均以詹姆斯的名义修复了社区中心，詹姆斯也将其中一部分收入用于家乡的慈善活动。一般来说，在全明星周末期间，詹姆斯还会翻新社区篮球场或儿童学习中心。他也会在自己主办的慈善活动中投入资金，用于支付运营成本。尽管运营情况不理想，但基金会还是提供了大笔捐赠额。可他的基金会目标并不明确，也没能达到预期的目标。

2011 年的联邦税务申报文件显示，那一年勒布朗·詹姆斯家庭基金会在众多项目上的捐款总额只有 8.9 万美元。这个数字既不能说是微不足道，也不能反映詹姆斯在慈善事业上的总体表现。在那之前的一年，因为《决定》，詹姆斯向慈善机构捐出了 300 多万美元，其中大部分捐给了男孩女孩俱乐部。此外，他的赞助合同中也有一部分收入流向慈善事业。可在詹姆斯职业生涯的前 8 年，在拥有丰富的资本，且在体育界和商业界均具有巨大影响力的前提下，大多数时候他只是让自己的基金会做做样子而已。

全新的人生观

但在 2011 年，詹姆斯的慈善事业出现了一些重大改变。他的合作伙伴州立农业保险公司在全美发起了一个活动，旨在避免儿童辍学——辍学在不发达地区及贫困地区越来越严重。活动名为“26 秒”（26 Seconds），这是因为有研究显示，每 26 秒就有一名儿童辍学。听到这个数据后，詹姆斯惊呆了。

“这个数据让人难以置信，”詹姆斯说，“你根本想不到会发生这样的事。不用多想，我肯定会参与进来，我本有可能成为统计数据中的一个。”

因为自身的成长环境，这个数据给詹姆斯带来了极大震动。四年级时，由于家庭生活不稳定，他有超过 80 天时间没能上学。他的妈妈无法长时间让家人住在固定的住所，而且她还有个人麻烦要解决。五年级时，詹姆斯被沃克一家收留，这家人改变了他的人生。因为有了稳定的支持体系、生活轨迹和责任感，詹姆斯在学校实现了全勤，变成了一个在乎学业的好学生。詹姆斯突然意识到他能利用自己的资源和人脉做些什么了，那就是直接接触那些人生处于高风险状态的孩子，那些和曾经的自己处境一样的孩子。

这个灵感在一个有趣的时间出现在了詹姆斯的脑海中，那时他正在重新考量自己的人生。他在迈阿密的篮球生涯已经进入第二年，因为之前的签约选择备受责难后，他在感情上变得越发强硬。外界把詹姆斯的一举一动放在显微镜下观察，这让他大受打击，他的内心甚至出现了一定程度的崩溃。在 NBA 总决赛铩羽而归后，他曾把自己关起来，封闭了好几天。那年的总决赛，詹姆斯的表现可谓一言难尽，他是热火队输掉总决赛的原因之一，而这显然不是他所习惯的生活。当詹姆斯思考自己为什么会如此受伤、自己的表现为什么会如此糟糕时，他意识到自己过于在乎外界的看法了。他太担心人们的想法，担心其他人在 Twitter 上写了什么、在电视上说了什么。

2011—2012 赛季回归赛场时，詹姆斯拥有了全新的人生观。效力热火队的第一个赛季，詹姆斯的女朋友和两个儿子没有和他住在一起，而是留在了阿克伦。尽管还能见到他们，但见面的频率显然不能和过去相提并论。新赛季即将拉开大幕时，詹姆斯让女朋友搬到迈阿密，以便一家人团聚。她同意了，但是提出了两个条件：他要向她做出承诺，而且让她父母一起搬来，因为她希望两个儿子的生活中有外祖父母的陪伴。2011 年新年夜，詹姆斯单膝下跪，向萨瓦娜·布林森求婚。布林森的父母和她一起搬到了迈阿密生活。

第二年 3 月，詹姆斯又做出了一个重大决定。他和队友一起穿着帽衫拍摄了一张照片，为佛罗里达州一个名叫特雷沃恩·马丁（Trayvon Martin）[①] 的年轻人的死而抗议，后者就是穿着帽衫遭到了枪杀。詹姆斯和队友韦德一起说服球队的队友，因为他们是当时美国体育界最知名的球队，所以他们可以发出一个强有力的信号。那是一个敏感的政治议题，杀死马丁的人名叫乔治·齐默尔曼（George Zimmerman），他声称自己开枪属于自卫。这个事件中包含种族、社会阶层等因素，还涉及美国宪法第二修正案。詹姆斯在个人社交媒体上发布了照片，引起了外界关注。马丁的死亡事件发生在大约一个月前，尽管这个消息得到了一定程度的曝光，但还没有得到主流社会的关注。詹姆斯和热火队使其变成了全国性的新闻。

① 17 岁少年特雷沃恩·马丁遭遇枪杀，而法院审理此案时依陪审团决议宣布凶手无罪。此事件引发争议，并引起抗议。——编者注

在过去，一些运动员会避免在政治问题上发表观点，因为那样做会冒犯到一部分球迷。詹姆斯曾在 2008 年为奥巴马的竞选出力，但绝大多数 NBA 球员都是民主党人，所以支持民主党候选人不能算冒险。事实上，在 NBA 支持共和党，至少在更衣室里通常会制造出更多的紧张气氛。

乔丹在职业生涯中出了名地不愿谈论政治话题。1988 年，他在家乡北卡罗来纳州的州内选举中拒绝支持民主党候选人。至于他不愿支持的理由，正是人们经常提到的那句著名的“共和党人也买球鞋”。我们无法确定这句话究竟是不是乔丹说的，但他的中立态度已足以说明问题：他无意在可能激怒大量客户的问题上表明立场，因为他的签名鞋拥有巨大的市场需求，在他退役几十年后仍然畅销。如今的乔丹早已是亿万富翁，如果乔丹是因为商业原因而远离政治议题，那么这个策略无疑奏效了。

2012 年，在特雷沃恩 · 马丁这个敏感事件上，詹姆斯彻底放弃了旁观者立场。“对我来说，我觉得那就是成长的标志，”几年后詹姆斯在谈到这个决定时表示，“我不知道这是不是一个激发我在社会问题上表达自我观点的瞬间，对于我想谈论的话题，我必须先去了解。我觉得首先，一个人要愿意做真实的自己，知道自己到底是什么人。”

詹姆斯已经达到了这种境界。拥有巨大的影响力和庞大的社交媒体粉丝群让他可以不受媒体过滤地传达信息，他开始在政治问题上表达观点。他在如埃里克・加纳（Eric Garner）、奥尔顿・斯特林（Alton Sterling）、费兰多・卡斯提尔（Philando Castile）和塔米尔・赖斯（Tamir Rice）等涉及政治问题的死亡案件①上发表了评论；他驳斥了洛杉矶快船队老板唐纳德・斯特林的种族歧视言论。在这期间，他还在很多事件中表达了立场。詹姆斯的球鞋销量始终没有追上乔丹，未来可能也很难追上，但他的政治影响力已远超乔丹。

“我承诺”项目

政治意识的觉醒激励着詹姆斯以全新的方式对待自己的基金会。他安排自己信任的员工米歇尔・坎贝尔（Michele Campbell）负责基金会的工作，坎贝尔是2006年最早加入LRMR的员工之一。确定了解决辍学率问题的新指导原则后，坎贝尔与教育工作者合作，试图找出阿克伦地区儿童辍学的根本原因。坎贝尔是应对这一问题的绝佳人

① 2014年7月17日，患有哮喘病的加纳因涉嫌贩卖散装香烟而被警察锁喉，医院宣布加纳的死讯后，引发了全美抗议活动。2016年7月5日，非洲裔小贩斯特林兜售碟片时遭两名白人警察开枪打死。2016年，卡斯提尔开车时因车尾灯问题被警察叫停，在他去拿证件时被警察枪击身亡，卡斯提尔的女友在Facebook上直播了全过程。2014年11月，12岁的赖斯在克利夫兰一个游乐场挥舞玩具气枪时被警察开枪射伤，随后因伤势过重去世。——编者注

选，她拥有教育学博士学位，很了解这个领域。坎贝尔也是少数得到詹姆斯信任的人之一，这意味着她可以在某些问题上说服詹姆斯。

詹姆斯将办公室从克利夫兰搬到了阿克伦，以便让员工和这座城市建立更多联系。在克利夫兰，LRMR 曾在《决定》播出那一周高调地连续和 6 支有意与詹姆斯签约的球队见面。他们还加强了与阿克伦公立学校的联系，接下来的几年，这段关系开始以重要的形式不断发展。詹姆斯已经为公立学校里的孩子们提供了多年的支持，但大多停留在表面，比如分发日用品、书包，偶尔赞助一些活动等。现在，他将采用全然不同的做法。

阿克伦的高中生辍学率为 26%，这让阿克伦成为俄亥俄州辍学率最高的地区之一。基金会意识到，问题的根源早在高中前就存在了：三年级才是决定一个孩子的阅读能力或数学能力是否落后，决定他们的高中毕业率是否会大幅下滑的重要时间点。坎贝尔认为，三年级就是基金会应该做出重大投入的地方。

有了坎贝尔的领导，加上学校的引导，勒布朗·詹姆斯家庭基金会创建了一个项目。他们首批援助的对象是 200 名三年级的孩子，这 200 人来自最需要援助的地区。按照计划，基金会每年都会新增一批接受援助的三年级学生，同时追踪过去接受过援助的学生们的发展情况。

基金会提供资金，为那些孩子提供特别关注，孩子们会接受额外的指导，受到跟踪观察与支持。简而言之，他们是在这些孩子刚开始落后时填补漏洞。起初，这个项目被命名为“教育之轮”（Wheels for Education），表明了从骑行慈善活动到校内援助形式的演变。

后来，这个项目被重新命名为“我承诺”（I Promise）。詹姆斯承担的重要任务之一就是想办法激励孩子们，他无法每天出现在孩子们面前，所以团队设计了一个系统，让孩子们能够感受到他的存在。这个系统的一个核心构成，就是鼓励孩子们复述一段誓言。这段誓言的具体内容如下：

> 我承诺会去上学，完成所有作业，听老师的话，因为他们会帮助我学习。
>
> 我承诺会去提问，会去寻找答案。
>
> 我承诺，无论如何，永不放弃。
>
> 我承诺永远尽自己最大努力，帮助并尊重他人，通过健康饮食和积极锻炼来过上健康的生活。
>
> 我承诺为自己做出优秀的选择。
>
> 我承诺快乐地生活。
>
> 最重要的是，我承诺完成学业！

作为回应，詹姆斯也向孩子们做出了承诺：

我承诺，永远不会忘记自己的出身。

为了强化这个理念，詹姆斯开始在比赛中戴上写有“我承诺”字样的橡胶腕带。孩子们会收到配对的腕带，这样当他们在电视上看到詹姆斯时，就会产生一种关联感。勒布朗·詹姆斯家庭基金会还在一些学校里安放了真人大小的詹姆斯剪纸板人像，将詹姆斯的承诺印在上面，以此建立关联感。作为鼓励，一些孩子还能收到詹姆斯提前录好的电话留言。

让合作伙伴加入进来

继 2011 年仅捐出 8.9 万美元后，詹姆斯开始将大量资金注入基金会。2012 年，基金会的捐款总额超过 75 万美元。2013 年，詹姆斯的捐款额再次翻番，随着吸引到更多赞助，他做出了 150 万美元的捐赠。詹姆斯还宣布，他将在 3 年时间里向自己的高中母校捐款 100 万美元以帮助学校翻新球馆。到 2016 年时，基金会每年的捐款总额已超过 350 万美元。

基金会变得更加积极主动，更多地参与到慈善活动中，坎贝尔成为其负责人当然起到了非常重要的作用，可詹姆斯的激情被点燃，才是推动基金会发展的真正原因。此外，詹姆斯签的一些重要协议也起了作用：比如他在 2010 年与迈阿密热火队签下的 1 亿美元合同；他与耐克的第二份合同，随着签名球鞋销量的提高，每年他的分成收入超过 2 000 万美元；当然，不要忘了 Beats 耳机带来的收益。詹姆斯比以往任何时候都要富有，而且通过帮助家乡，他也在分享自己的财富。

可让勒布朗·詹姆斯家庭基金会再上一个台阶的，是詹姆斯对自己在商业世界中学到的经验教训的运用。直接做生意是一回事，利用名声和人气则是另一回事。如果说詹姆斯能利用别人想和自己做生意的意愿来获得一定数量的股权或者电影拍摄机会，那么他是否能利用这种形式进行慈善活动？想和詹姆斯的名字连在一起的，不只是私营公司。

由此带来的两个项目极大地改变了勒布朗·詹姆斯基金会，也改变了美国人对詹姆斯的看法。2015 年，勒布朗·詹姆斯基金会和阿克伦大学达成了一份历史性的协议。坎贝尔在这所大学工作了 13 年，拥有深厚的人脉自然不是坏事，而学校当时的总裁陷入麻烦、面临公关危机的现实，可能也促成了协议的达成。仅仅在这个职位上干了两年，这位总裁就选择了辞职。这份协议的理念实在太惊人了，各方因此必须想尽办法让其成为现实。

那时进入“我承诺”项目的孩子已经超过 1 100 人，第一期的三年级孩子马上就要开始高中生活了，每年都会有更多的三年级孩子进入这个项目。詹姆斯想过帮助这些孩子读完高中后会发生什么，项目的最初使命是阻止孩子辍学，但还有更宏大的目标等待他们去完成。

而前面说的那份历史性协议，将这一切组合在了一起：如果项目中的孩子能取得足够好的成绩，阿克伦大学就会为他们提供 4 年全额奖学金。这意味着，从参加项目的第一批三年级学生在 2021 年有机会进入大学开始，学校每年最多愿意免费接收 200 名学生。

詹姆斯同意通过筹款和出席一些宣传活动的方式帮助阿克伦大学。阿克伦大学用勒布朗・詹姆斯家庭基金会的名字重新命名了教育学院，他们希望一些学生日后愿意成为教师，回到家乡教育处境艰难的儿童。詹姆斯的名字出现在大学建筑上自然有其价值，而协议的其他部分对基金会也颇具吸引力。

起初，他们想的只是让更多的学生读完高中、有机会过上更好的生活，但这个计划随后演变成了一个大型项目，一个试图改变一代人的重大尝试。这个想法充满挑战又极富创意，是几年前的詹姆斯根本想象不到的。他们得到了新的知名合作伙伴——摩根大通的支持，后者会为项目提供机构性支持。与詹姆斯长年保持合作的耐克和可口可乐也加入了进来。

2015 年夏天，詹姆斯在游乐园里为参加“我承诺”项目的孩子举办大型活动时宣布了这个消息。那些当时还在上小学的孩子似乎没有理解詹姆斯说了什么，他们也无法理解詹姆斯为他们做的这些事的真正价值。但现场的成年人，主要是孩子家长，显然明白其中的意义。

消息公开后，外界产生了误解，以为詹姆斯会直接向学生提供奖学金。一些媒体做了计算，声称詹姆斯会自掏腰包 4 000 万美元，资助 1 100 名孩子读书。毫无疑问，詹姆斯在这方面得到了很多正面曝光。

但实际情况并非如此。詹姆斯当然掏得起这笔钱，他只需要写好支票就能送出那么多奖学金。但采用让合作伙伴参与进来的方式，可以让更多的孩子进入这个项目，詹姆斯是在利用自身的影响力来扩大协议的规模。事实上，他在全美获得了比在阿克伦大学更多的赞誉，这种现象本身也有点儿讽刺：他通过《决定》节目给出了数百万美元的慈善捐款，却几乎被人无视；而根据他与阿克伦大学达成的协议，虽然实际上捐出的钱更少，他却获得了更多称赞。也许这就是公共关系上的因果轮回，然而相比于詹姆斯完成的工作，这一切都显得不那么重要了。

勒布朗・詹姆斯家庭基金会后来又增加了几个项目，其中一个是帮助参与项目的孩子的父母获得高中文凭，以此将项目的影响力扩大到整个家庭。在雪碧的帮助下，基金会成立了一所学院，以帮助项目中的高中生为上大学做准备，这样当他们真正进入大学时就更有可能取得成功。

在接下来的 3 年里，勒布朗·詹姆斯基金会不断发展，不断向前推进。他们需要等待多年，才能从数量和质量上确定项目的成功与否。这是学校系统梦寐以求的投资，基金会也真正付出了努力，希望将项目变成其他城市或慈善机构可以参考的模式。

在与阿克伦公立学校系统将合作进一步深化，詹姆斯于 2018 年开设“我承诺”学校后，勒布朗·詹姆斯家庭基金会又向前迈出了重要的一步。“我承诺”学校是一所真实的小学，全天候执行项目计划，对学生进行全方位的关照。这所学校的第一批学生是 240 名三年级和四年级的学生。由于入校需求极高，学校甚至要采用乐透抽签系统决定最终的入选学生。

勒布朗·詹姆斯家庭基金会需要做出重大投资，仅项目启动就花掉了 200 万美元，他们用一部分资金翻新了一栋学校建筑，又承诺每年投入 200 万美元用于运营支出。这些资金主要用于聘用员工和购买食物，在“我承诺”项目的学校里，每天的上学时间和一个学期的长度都比同学区的其他学校长。学生每日可以吃到早饭、午饭和零食。学校还为有需要的家庭开设了“食物银行”，免费提供食物，也为有需求的学生免费提供自行车和头盔。学校计划最终接纳 1 000 名学生，招生范围从一年级开始，直至八年级。

“这不只是我、我的家庭和基金会的重大时刻，也是这些孩子人生中的重大时刻，”2018年7月，詹姆斯在学校揭幕仪式上表示，“作为一个来自阿克伦的孩子，我还记得曾走在同样的街道上。有人问我为什么要建一所学校，那就是原因。我知道这些孩子正在经历什么，我知道他们的梦想，知道他们有什么噩梦，我懂得他们的经历，这就是这所学校存在的原因。”

2016年，詹姆斯带领骑士队赢下了总冠军，终结了克利夫兰这座城市52年来从未产生过职业体育冠军的历史，这是他在篮球场上的足迹。詹姆斯希望，这所学校未来也能成为他在家乡留下的个人足迹。

詹姆斯的慈善活动并不限于学校。2016年，为了拳王阿里的生平展，他通过勒布朗・詹姆斯家庭基金会向位于华盛顿的非洲裔美国人历史文化博物馆捐出了250万美元。

随着年龄越来越大，詹姆斯开始对阿里产生亲切感，后者不仅是著名运动员，而且是一位政治活动家。捐款让詹姆斯和阿里的家人建立起了联系。同一年，詹姆斯的斯普林希尔制片公司达成了一份协议，为HBO电视台制作一部关于阿里的纪录片。

詹姆斯对阿里的喜爱和梅里特有着不小的关系，作为耐克高管，梅里特始终是詹姆斯核心圈子的成员，梅里特后来还成为勒布朗·詹姆斯家庭基金会的董事会成员。梅里特是路易斯维尔人，那里离阿里长大的地方不远，梅里特年轻时就很欣赏阿里，后来还把自己对阿里的欣赏传递给了詹姆斯。季后赛期间，梅里特有时会在客场比赛时带着阿里的比赛录像，在詹姆斯的酒店房间里和他一起观看。

他们希望，这一切仅仅是一个开始。勒布朗·詹姆斯家庭基金会将会寻找更多方式资助孩子们。奖学金和学校都是大工程，需要真正提供支持、维护并投入资金，其规模才能持续增大，詹姆斯对此似乎有着极大的决心。

接下来的几十年，詹姆斯在篮球场外还有很多想要完成的工作。在他寻求增加财富和增强影响力的过程中，在过去 10 年的商业冒险中，詹姆斯学到的一个重要经验，就是以不同的方式定义“繁荣”。

“小时候有一段时间，我就是觉得，我不可能离开这个环境。每天我都在想这件事，”詹姆斯表示，“我有梦想、有导师，他们让我拥有梦想，让我成为现在的自己。人们在其他事情上说什么都可以，但他们永远不能消除我能为家乡、为世界各地的人做的事，这对我来说才是最重要的。至于篮球，我喜欢篮球，也爱篮球，但能做出回馈，能够开设一所学校，这才是能够超越我人生的事情。”

LEBRON, INC.

第 11 章

前往洛杉矶，在世界娱乐之都打稳地基

LEBRON, INC.

商业思考

1. 篮球生涯只是影响世界的一种方式。
2. 创建未来能够持续发展的小型帝国。

关键决策

詹姆斯决定前往洛杉矶。

财富结果

2018 年夏天与湖人队签下 4 年 1.54 亿美元的合同。

职业生涯的第三次抉择

2018 年夏天，詹姆斯与湖人队签下 4 年 1.54 亿美元的合同，任何对此感到惊讶的人，都没有真正关注事态的发展。

在 2015 年和华纳兄弟达成协议，将斯普林希尔制片公司改名为斯普林希尔娱乐公司，使之真正地在好莱坞占有一席之地后，卡特搬到了洛杉矶。这并非临时起意，也不是第二产业——他准备留在那里。卡特在好莱坞山上的穆赫兰道旁花 350 万美元买下了一栋带有门禁的豪宅，里面还配有盐水泳池、酒窖和电影院。

这只是詹姆斯业务迁移行动的一部分。那年早些时候，詹姆斯在布伦特伍德距离保罗·瓦赫特家不远的地方买下了一栋价值 2 100 万美元、占地 900 多平方米的房子，瓦赫特的家也是一栋带门禁的豪宅，价值 800 万美元。2016 年，里奇·保罗在比弗利山花 300 万美元买下了一栋有 5 间卧室的房子，这栋房子配有一个全玻璃阳台，可以俯瞰游泳池。在创新艺人经纪公司学习了几年后，保罗离职并独立创建经纪公司的决定为他带来了回报。他从创新艺人经纪公司带走了一些客户，后来又独自签下了一些大牌球员。LRMR 没能签下离开大学进入 NBA 的约翰・沃尔，保罗却让他成了自己的客户，并助他达成了一份 2.07 亿美元的合同。随后，保罗又分别签下了另外两个状元秀：本・西蒙斯（Ben Simmons）和安东尼・戴维斯。洛杉矶是体育经纪业务的枢纽地区，是天然的基地设立点，而保罗做出的就是这样的选择。

2017 年还在骑士队效力时，詹姆斯再次升级了自己的家。他在距离布伦特伍德几个街区外的地方买了一栋占地近 1 500 平方米，有 8 个卧室、11 个卫生间、1 部电梯、1 个蒸汽浴室、1 个游泳池和室内外体育馆的豪宅。他在这栋房子上花掉了 2 300 万美元。

同样在 2017 年，洛杉矶湖人队用一年 1 800 万美元的合同签下了保罗的客户肯塔沃斯・考德威尔 - 波普（Kentavious Caldwell-Pope）。波普从这份一年期合同里拿到了比外界预估数额更多的钱。这份合同也有点儿让人意外，波普那时因酒后驾车需要在即将到来的新赛季入狱服刑 25 天，不过一名法官允许他进入监外就业项目，这样波普就可以在参加比赛后再回监狱服刑，因此他只缺席了几场比赛。

可正因如此，保罗在 2017—2018 赛季开始成为斯台普斯中心球馆的常客，他用这种方式来关注波普，以确保波普在一边为湖人队打球一边蹲监狱的怪异的一个月里一切正常。在赛季初的一场比赛中，湖人队老板珍妮·巴斯（Jeanie Buss）在比赛期间邀请保罗和自己一起坐在场边，两人一边聊天一边熟悉彼此。波普是一名优秀的锋线球员，以得分能力和优秀的防守而出名，这样的能力组合让他成为自由球员市场的香饽饽。可湖人队在与他签订合同时背后还有更深层次的动机，这种说法并不是空穴来风。

詹姆斯没有通过电视节目或写文章等盛大的方式正式宣告自己职业生涯的第三次抉择，而是通过 Klutch 体育向媒体发布了一份新闻通稿，Klutch 体育就是保罗于 2013 年成立的体育经纪公司。詹姆斯宣布决定几个小时后，湖人队就同意以 1 200 万美元的条件与波普续约，于是波普再次拿到了比一些联盟分析人员预测的金额更高的自由球员合同。

詹姆斯向洛杉矶搬迁的工作正式完成了。2016 年赢得总冠军后，詹姆斯知道，只要自己愿意，他有资本再次离开克利夫兰。2014 年重返骑士队时，詹姆斯思考过如何才能在退役后成为球队的所有者，为此詹姆斯询问过骑士队老板吉尔伯特对球队的长期计划。现役球员成为球队老板不符合联盟规定——第二次退役期间，乔丹曾经是华盛顿奇才队的小股东，他在职业生涯最后一次复出前不得不出售了自己的股份。因此买入球队股份，或者按照詹姆斯希望的那样获赠股份，便不可能变为现实。可詹姆斯想在未来成为球队老板也绝非没有一点儿可能。

他要去洛杉矶了，顶尖的商业选择

詹姆斯重返骑士队的前一年，《福布斯》为骑士队做出了 5.15 亿美元的估值。詹姆斯重返骑士队后，球队在那一年的估值达到了 9.15 亿美元。不过需要注意的是，由于洛杉矶快船队卖出了 20 亿美元，所以联盟所有球队的估值都提高了。现在再去回忆，假如 2010 年大卫·格芬能以詹姆斯为筹码控制快船队，那会是一次了不起的商业操作。

《福布斯》估计，拥有詹姆斯后，骑士队平均每年的年营收增加额将超过 4 000 万美元。这样的财富增长速度也许会让詹姆斯在未来配得上获得股权。詹姆斯小圈子里的人还认为，2009 年在俄亥俄州，一次为骑士队老板丹·吉尔伯特在克利夫兰及辛辛那提建设赌场扫清障碍的公投能够通过，唯一的原因就是詹姆斯——詹姆斯能帮助吉尔伯特在俄亥俄州变得更受欢迎。这种说法是否正确有待讨论，毕竟吉尔伯特是一个精明的生意人，他做过不少优秀的投资，为了让建设赌场的议案通过，他也做了大量强有力的宣传。不管怎么说，赌场让吉尔伯特变得更加富有，这也有可能进一步推动他与退役后的詹姆斯成为商业伙伴。

但吉尔伯特和詹姆斯关系的修复，总是不尽如人意。吉尔伯特 2010 年的公开信为这段关系造成了难以弥合的伤害，尽管骑士队赢得了总冠军，但两人的关系仍然很僵。2017 年，当吉尔伯特因为合同纠纷而没有留下深受欢迎的总经理大卫・格里芬（David Griffin）时，吉尔伯特和詹姆斯的关系出现了恶化。也就在同一时期，吉尔伯特的两个主要商业伙伴，同是骑士队股东的杰夫・科恩（Jeff Cohen）和内特・福布斯（Nate Forbes），也与吉尔伯特闹翻了。

紧接着，骑士队除詹姆斯外的最大牌球星凯里・欧文提出了交易申请。詹姆斯不希望以欧文做交易，可当吉尔伯特提出让詹姆斯续约超过 2018 年，以便在詹姆斯不会再次离开的前提下去运作球队时，詹姆斯拒绝了。决心不在没有备选计划下行动的吉尔伯特将欧文交易到波士顿凯尔特人队，换回了以未来首轮选秀权为核心的打包筹码。

局势如此发展，加快了詹姆斯的行动，他已经开始考虑洛杉矶，而且认为自己和吉尔伯特合作不存在任何发展前景。那时，任何拥有骑士队股份的长期计划均告搁浅，骑士队连续第四年打进总决赛，却被金州勇士队以 4：0 横扫，惨败而归。尽管已经 33 岁，但詹姆斯仍然打出了职业生涯最优秀的季后赛表现之一。那个赛季，詹姆斯在职业生涯中第一次打满 82 场常规赛。季后赛中，他两次命中压哨制胜球，并且用大师级的表现帮助球队赢下了两个系列赛的决胜第七场，其中包括东部决赛时与凯尔特人队的第七场比赛。

但在总决赛中，由于第一场比赛里裁判的一些存疑吹罚，加上队友 J. R. 史密斯（J. R. Smith）在最后时刻忘记比赛分数的失误，詹姆斯失去了冷静。他冲进更衣室，用手砸向一块战术板，导致手掌骨裂。尽管照常参加了接下来的 3 场比赛，但詹姆斯的表现并不尽如人意，他在骑士队的生涯也因此画上了一个不合时宜、不够完美的句号。

几周后自由球员市场开启时，詹姆斯实际上并没有太多好的选择。2010 年第一次做出自由球员选择时，他可以留在克利夫兰，或者前往迈阿密热火队加入德维恩・韦德和克里斯・波什，或者加入芝加哥公牛队与年轻球星德里克・罗斯及乔金・诺阿（Joakim Noah）合作。2014 年，他本可以留在迈阿密，却选择加入了拥有欧文且随后引进全明星球员凯文・勒夫（Kevin Love）的骑士队。

这一次的情况则有点儿复杂。詹姆斯目前的球队已经穷尽了全部资产，也表露出了重建的信号。湖人队为追逐自由球员而清空了阵容，只留下了几个大多尚未证明过自己的年轻球员。休斯敦火箭队和费城 76 人队都迫切地希望得到詹姆斯，可詹姆斯的家人对在克利夫兰或洛杉矶以外的地方生活没有兴趣。

启动最具雄心的项目《空中大灌篮 2》

到 2018 年秋天时，斯普林希尔娱乐公司已有超过 12 部纪录片、剧本节目、竞赛节目和游戏节目分别处于播放、创意或开发阶段。他们在 Showtime、Starz、CW、NBC 电视台及 Facebook 上均有节目播出。詹姆斯并没有活跃地参与演出或者参与任何节目的制作，他只是被列为执行制片人。斯普林希尔是一家运转良好的制片公司，不需要詹姆斯公开露面也能完成项目。詹姆斯也不需要只把自己局限于一家电视台或制片公司。与时代华纳联系在一起确实成为詹姆斯进入娱乐行业的跳板，其中瓦赫特在时代华纳董事会的任职也起到了帮助作用。通过时代华纳，詹姆斯，尤其是日常与创作人员见面以寻找可开发作品的卡特，赢得了整个行业的尊重。他们建立起了足够良好的声誉，早已不是只能靠詹姆斯的名字迈入门槛那么简单了。

由运动员创造内容的媒体平台“不被打断”网站，搬进了维亚康姆大厦里的新办公室——这里离历史悠久的好莱坞大道与高尔街交会处不远，他们的作品数量也超过了 15 部。这些作品中既包括一部讲述 NBA 前球员创业故事的纪录片，也包括一部在多伦多国际电影节上展映的有关 NBA 球星文斯・卡特的影片。

他们的作品中，最受好评的莫过于由新人导演构思出来的《不只是一场比赛》，以及由好莱坞传奇沃纳一手促成的第一部系列剧《幸存者的悔恨》。商业上最成功的当然是詹姆斯担任配角的《生活残骸》，其全球总票房为 1.4 亿美元。除此之外，最成功的是在 NBC 电视台上播出的游戏节目《墙壁》，尽管主持人克里斯·哈德维克（Chris Hardwick）因为被前女友指控虐待而遭到停职，进而导致节目陷入危机，但这档节目还是播出了好几季。总而言之，詹姆斯和卡特似乎已经开创出一个未来能够持续发展的小型帝国。如果他们能持续播出节目，他们就能不断寻找那些可能在日后大热的节目，并以此让自己跻身好莱坞精英阶层。尽管娱乐圈生涯仍在早期阶段，他们的表现却相当不错，也赚到了钱。华纳兄弟仍有拍摄《空中大灌篮 2》的想法，这部电影注定将成为双方关系的最大成果。

在家庭方面，詹姆斯两个渐渐长大的儿子很喜欢洛杉矶的夏日生活，两人也都是冉冉上升的篮球明星，詹姆斯开始认为他的大儿子未来有机会成为 NBA 球员，因此能让他们在南加州高中的高强度竞争环境下成长对詹姆斯来说自然极具吸引力。

这就是詹姆斯考虑离开骑士队，放弃加入类似休斯敦火箭队或费城 76 人队这些能立刻成为总冠军有力竞争者时的大背景。他相信湖人队未来能够吸引其他球星加入，不过这个假设具有一定的风险。詹姆斯是在赌湖人队这支联盟中最光鲜亮丽的球队有机会吸引其他优秀球员——这当然不是最坏的赌博。

这就是 2018 年 7 月自由球员市场接近开启时詹姆斯的想法。答案和他公布选择的方式一样简单：他要去洛杉矶了。

这在詹姆斯的篮球生涯中可能是一次有缺憾的选择，但经过了审慎考虑，在未来有可能成为一次顶尖的商业选择。随着年龄的增长，詹姆斯在商业上的业务只会变得越来越复杂，他对未来也会变得越来越有雄心壮志。卡特曾经对我说，詹姆斯只把篮球生涯视作影响世界的一种方式。他显然不是第一个产生这种想法的人，很多球员退役后都在商业、慈善、政治和体育界取得了巨大成功，尤其是当时正掌管湖人队的“魔术师”约翰逊。詹姆斯希望所有的选择都有被实现的可能。

认真思考的话，你就会发现，2010 年加入迈阿密热火队是一个基于篮球的决定，是詹姆斯为自己创造获得总冠军机会的方式。2014 年重回骑士队是有关精神资产或者影响力的决定，这个选择让詹姆斯既能抹去声誉中的污点，又能通过在家乡赢得总冠军的方式稳固自己的历史地位。2018 年前往洛杉矶则是一个商业决定，是 15 年的学习、定位，并利用自身篮球天赋创造出的无与伦比的名气与机会达到顶点后的选择。这个选择的目的，在于让詹姆斯如何过好未来 50 年的生活，在他离开这个世界后能为家人留下什么。而更加舒适的气候以及具有标志性意义的球队，可谓锦上添花。

前往洛杉矶的决定正式公开后不到3个月，《空中大灌篮2》也终于提上了日程。那时，这个项目已经被讨论了至少5年。在这个过程中，不同的编剧、导演和制片人在不同的时间点参与其中。卡特和詹姆斯看过多个剧本，也拒绝过多个剧本。他们为此开过很多会，曾在一起吃饭时展开讨论，也曾在私人飞机上进行头脑风暴。当詹姆斯在克利夫兰、卡特在洛杉矶前线时，两人会在赛后进行了漫长的讨论。詹姆斯成为湖人队球员后，协议就自然达成了。

2018年秋天，斯普林希尔娱乐公司和华纳兄弟宣布，《空中大灌篮2》将在2019年夏天投拍。他们集结了一个强大的团队：由出品了热门电影《黑豹》（*Black Panther*）的瑞恩·库格勒（Ryan Coogler）担任制片，由为HBO电视台打造深夜小品节目《随机机智行为》（*Random Acts of Flyness*）的特伦斯·南斯（Terence Nance）担任导演[①]。詹姆斯和卡特自然担任了制片人，而詹姆斯将和华纳兄弟的《巨星总动员》（*Looney Tunes*）里的动画人物，比如兔八哥和达菲鸭一起出演电影。

第一部《空中大灌篮》电影上映于1996年，影片最初的创意来

① 据媒体报道，因与制片方在创作理念上出现分歧，2019年7月，特伦斯·南斯不再担任《空中大灌篮2》的导演，改由马尔科姆·D. 李（Malcolm D. Lee）接任。——编者注

自 1992 年耐克的一个超级碗广告。那是著名的波特兰威登 + 肯尼迪广告公司的创意，2003 年，詹姆斯以球鞋自由人的身份拜访比弗顿时，为耐克设计宣讲会的就是他们。耐克制作了一个广告，让“飞人乔丹”对抗由兔八哥扮演的“野兔乔丹”。这是那个时代最知名的超级碗广告之一，随后，耐克在那一年接连制作了一系列广告。

导演乔·皮特卡（Joe Pytka）在采访中表示，耐克创始人奈特是《空中大灌篮》这部电影诞生的真正原因，因为奈特付钱给华纳兄弟买下了卡通角色的使用权，又付钱让乔丹在绿幕前拍摄，接着又买下了价格高昂的超级碗广告时段来测试这个创意。奈特没有从《空中大灌篮》的 2.3 亿美元全球票房中分走一分钱，不过乔丹穿着他的耐克签名鞋的样子，被每一名观众看在眼里。

《空中大灌篮》这部电影最成功的地方，是衍生品销售。据《芝加哥论坛报》（*The Chicago Tribune*）报道，《空中大灌篮》一共推出了 78 种带有乔丹肖像的产品，而华纳兄弟因为《巨星总动员》的角色获得了 12 亿美元的销售额。包含 R. 凯利（R. Kelly）演唱的单曲《我相信我能飞》（*I Believe I Can Fly*）在内的电影原声带取得了 6 个白金唱片的销量。直到今天，这部电影还在赚钱。这也解释了华纳兄弟为什么一直希望詹姆斯能接受并接纳这个角色。

外界一直没有报道乔丹因为这部电影得到的收益。2019 年电影的制作机制与20世纪90年代中期存在明显区别，可如果各方努力推出一部大热电影，那么已经处于优势地位的詹姆斯和卡特就可以从中获得丰厚的回报。《空中大灌篮》共有17名制片人，其中包括乔丹的经纪人大卫·法尔克（David Falk）和长期担任乔丹商业经理的柯蒂斯·波克（Curtis Polk）。但从本质上说，乔丹只是一名员工。华纳兄弟为乔丹建了一座体育馆，方便他在不拍摄时进行训练。但乔丹和斯普林希尔娱乐公司不一样，乔丹在华纳兄弟影城里没有房子，他也不能在布伦特伍德两栋价值2 000万美元的豪宅里选择一栋过夜。

《空中大灌篮2》有可能成为决定斯普林希尔娱乐公司和詹姆斯在电影行业成败的一部作品：如果成功，卡特就可以继续制作其他能够提升公司地位的大预算电影。如果詹姆斯和卡通角色在一起的表演和他在《生活残骸》里的表演一样出色，他的演艺机会就有可能进一步增加。《生活残骸》上映时，詹姆斯因为表演水平以及恰到好处地说出幽默台词的能力而备受好评，《纽约客》称之为“现役职业篮球运动员最出色的电影表演”，这显然是很高的评价。但需要再次强调的是，詹姆斯在《生活残骸》中扮演的是他自己，在其他客串演出中扮演的也是他自己。也许，只是也许，如果詹姆斯能以英雄形象出现在《空中大灌篮2》里，而他实际上也实现了自己多年以来的一个梦想：扮演超级英雄。

这些都是詹姆斯成长的组成部分，他从一个青少年篮球明星逐渐成长为年轻的百万富翁、推销员、NBA 球星、商人、NBA 巨星、经纪人、纪录片制片人、奥运冠军、电视制片人、商业大亨、演员、创业者、NBA 总冠军、政治活动家、电影明星、慈善家、电影制片人、特许经营者、内容创造者、人道主义者。也许有一天，他还会成为超级英雄。

詹姆斯自己有一档节目，在这档节目中，他和明星朋友们在一个理发店里谈论从童年时光到政治时事的各种话题；他为投身创业事业的 NBA 前球员阿尔·哈灵顿（Al Harrington）拍摄了纪录片；他为动画电影《雪怪大冒险》（*Smallfoot*）里的一个雪人配了音。而所有这些只不过都是开始，他们还有更多已经投入创作或正在酝酿的作品。

这段旅程，让詹姆斯成为国际知名人物，让他得到了别人的尊重，也让他收获了无与伦比的财富。可如果你相信他，你就会知道，这只是刚刚开始。

后 记

我一直在打破定式，我想继续为下一代人打破定式

所以说，詹姆斯的资产已经超过10亿美元了吗？

不，还没有。等到2022年与洛杉矶湖人队的现有合同结束时，詹姆斯19年NBA生涯的薪金总收入将达到3.91亿美元，这会让他成为NBA合同收入最高的球员。目前，持有这个纪录的是加内特的3.43亿美元，科比紧随其后，为3.28亿美元。当然，这些都是税前收入。

算上詹姆斯在利物浦队、烈焰比萨、“不被打断”网站、斯普林希尔娱乐公司拥有的股份，再加上他

的房地产及赞助收入，他的资产总额可能接近 10 亿美元。2018 年，据《福布斯》估算，詹姆斯包括赞助收入在内的总收入为 7.65 亿美元。詹姆斯以节俭著称，有人甚至说他就是小气，所以这 7 亿多美元的收入里应该有很多被用在了各种投资上。

“我不会打开数据漫游，我不买软件，我的潘多拉音乐播放器还是带广告的。”詹姆斯曾经在接受瑞秋·尼克尔斯（Rachel Nichols）的采访时这样表示。

詹姆斯曾经的骑士队队友伊曼·香波特（Iman Shumpert）说，当他们一起练举重，詹姆斯打开手机用潘多拉播放音乐却跳出广告声音时，他会觉得很烦。詹姆斯不愿意为了去除广告而每月向这个手机软件付费。但香波特也表示，如果要让哪个队友拿他的钱去投资，他会选詹姆斯。

詹姆斯也做过一些糟糕的投资，他说自己最糟糕的投资是在房地产泡沫的高峰期买下了拉斯维加斯的一栋房子。自从与巴菲特见过面后，詹姆斯就开始与伯克希尔－哈撒韦公司一起进行安全的投资，同时投资蓝筹股。我问过他持有伯克希尔－哈撒韦公司多少 A 类股票，他只是笑了笑。2018 年时，伯克希尔－哈撒韦公司的 A 类股票价值已经达到每股 33.5 万美元。

2014 年，杜兰特成为安德玛（Under Armour）和耐克的竞价对象，那是自 2003 年争夺詹姆斯后，厂商对篮球运动员最为激烈的一次竞价，天价合同自然随之诞生。安德玛那时基本没有球鞋业务，所以他们为杜兰特的合同开出了巨额保障金——由于之前没有相关业务，所以安德玛没法依靠利润分成吸引杜兰特。2007 年，在杜兰特成为职业球员时以 6 000 万美元签下他的耐克，则拥有匹配安德玛合同报价的权利。另外值得一提的是，阿迪达斯向杜兰特开出了更高的报价，但杜兰特选择了报价较低的耐克。耐克经过深思熟虑后匹配了报价，有消息称杜兰特的球鞋合同为 10 年 3 亿美元，这让他在球鞋上的收益超过了詹姆斯。

杜兰特的球鞋合同敲定时，詹姆斯和耐克的第二份合同正在协商中。詹姆斯的业务规模比杜兰特更大，这为他打开了重新协商合同的大门，而卡特也正是这么做的，2016 年，詹姆斯与耐克签下了终身合同。有知道消息的人士告诉我，如今与耐克的合同每年能为詹姆斯带来超过 3 000 万美元的收入，不过耐克还没有证实这个数字。

卡特接受 *GQ* 杂志采访时暗示，耐克合同的总价值可能会达到 10 亿美元，这番表态为他带来了不少新闻热度。这个数字只是推测，卡特并没有保证合同金额一定是这个数，而且没有人知道詹姆斯退役后詹姆斯的签名球鞋会有怎样的销量。乔丹在退役近 20 年后，每年仍有约 1 亿美元的商业收入，可任何球鞋公司的高管都会告诉你，世界上只有一个乔丹。[好吧，还有一个查克·泰勒（Chuck Taylor）[①]。]

“乔丹是一个例外，没有人像乔丹一样在退役后还能卖鞋，”体育服装行业分析师马特·鲍威尔表示，“我们很难评判潮流周期。过去几年篮球鞋不再是时尚的象征，詹姆斯球鞋的销量从 2015 年就开始下滑。潮流可能会回归，去洛杉矶也许真的能起到作用，让我们拭目以待。”

即便詹姆斯没能依靠耐克让自己的资产超过 10 亿美元，他也能依靠其他方式实现这个目标。以利物浦队的股权为基础，詹姆斯把目标确定为成为球队老板。卡特说过，詹姆斯将在 10 年内拥有一支球队，这是一个极具野心的表态，毕竟现在任何一支 NBA 球队的估值都超过了 10 亿美元，谁知道 10 年后这些数字又会变成什么样子。可仅仅看着这些巨额数字来思考詹姆斯如何筹集这笔钱，根本不足以说明詹姆斯和卡特取得的成就。他们已经学会了如何进行股权投资。

2017 年，“魔术师”约翰逊在“不被打断”网站上接受了卡特的采访，这次采访也可以被看作超级明星运动员如何创造财富的讲座。采访对当时还担任湖人队总裁且计划几个月后争夺詹姆斯的约翰逊颇有好处。2018 年 7 月 1 日，自由球员市场开启的第一晚，约翰逊在

① 美国篮球巨星，匡威旗下以他名字命名的球鞋取得了极大的成功。——编者注

詹姆斯位于布伦特伍德的房子里和他见面后，双方就达成了协议。

在这段采访中，约翰逊告诉卡特，当他在 2012 年希望加入一个投资集团收购洛杉矶道奇队时，有 6 个亿万富翁希望与他合作共同出价。收购道奇队的竞争非常激烈，因为能和约翰逊的名字联系在一起极有价值。在选择合作伙伴的过程中，是约翰逊面试这些亿万富翁，而不是反过来由亿万富翁们面试约翰逊。那些人有钱，可约翰逊拥有更稀有的东西——完美无瑕的声誉，约翰逊在体育界广受尊敬，还是一位名人堂球员。最终，约翰逊选择与古根海姆公司（Guggenheim Partners）联手。不出所料，他们用 20 亿美元买下了道奇队。约翰逊成为球队小股东，其净资产也随着个人影响力在职业体育界的提高而不断增长。

2017 年佛罗里达马林鱼队挂牌出售时，不少人表现出收购兴趣。最后，德里克·基特领衔的团队以 12 亿美元买下了该球队。基特变身 CEO，负责球队运营，还把球队明星詹卡洛·斯坦顿（Giancarlo Stanton）交易到了自己球员时代的老东家纽约洋基队，这笔交易让基特受到了球迷和媒体的批评。尽管据美联社报道，基特的股权只占 4%，但他还是做出了改变球队命运的决定。购买球队的大部分资金来自一个名叫布鲁斯·谢尔曼（Bruce Sherman）的私人股权大亨，这个人把 3 家公司卖给巴菲特后成为亿万富翁。高端金融是一个小圈子。不管怎么说，尽管只持有相对较少的股权，但基特在退役后仅

3 年就掌控了一支职棒大联盟球队。拥有好名声的明星球员确实拥有特别优势，显然，詹姆斯在很久以前就明白了这个道理。

“本能告诉我，詹姆斯未来会成为世界各地多支球队的老板，”芬威体育集团总裁萨姆·肯尼迪表示，“他非常聪明，会聘用聪明的人管理球队，他会悠闲地监控自己的全球帝国。他和卡特在经济方面做得很好，他们知道自己前进的方向。”

对詹姆斯而言，筹集购买球队所需的资金也许不是难事。如果有球队挂牌待售，NBA 大概会迫切希望詹姆斯成为老板，可能还会助他一臂之力。2010 年夏洛特黄蜂队出售时，联盟董事会就改变了买入标准，以确保乔丹可以买入黄蜂队的控股权。尽管乔丹继承了前老板鲍勃·约翰逊（Bob Johnson）的很多债务，但据《夏洛特观察者报》（*Charlotte Observer*）的报道，乔丹买下黄蜂队的现金支出只有 3 000 万美元。

由于球队价值大幅提高，外界对拥有球队股权的兴趣也随之大大提高，上述协议放在今天基本不可能变为现实。但不管怎么说，假如有球队待售，而退役后的詹姆斯表示有意愿组建投资集团时，那么他在筹集资金和争取 NBA 支持方面应该不会遇到问题。假如这笔交易由瓦赫特负责，我们可以确定，詹姆斯的参与一定会为他自己带来一定比例的股权回报。

即便如此，我们也要说，詹姆斯的商业旅程才刚刚开始。他能否实现成为球队老板的目标，还是说他会寻找新的目标，这一切都有待观察，詹姆斯的视野仍在不断扩大。比如，2018 年年末，他和施瓦辛格一起做起了蛋白粉生意——詹姆斯终于和瓦赫特最大的客户合作了。这家公司也许能发展为行业巨头，也许一事无成。

但我们知道一个事实：詹姆斯的篮球生涯正在走向终点。他已经打完的比赛数量，显然比他未来要打的比赛更多。过去这些年，他已经学会了将对胜利的渴望转移到篮球场外。詹姆斯对胜利的追求、他部署战略的欲望，以及最大程度利用自身优势开疆拓土的愿望不会消失。他太爱竞争了。

帮助家乡弱势儿童的愿望，让詹姆斯完成了人生中最具创新性的一系列活动。他喜欢这种感觉，也不想停止在这方面的努力。

青少年时期，当詹姆斯认识到自己在这个世界上的位置时，他意识到上天给了自己天赋，让他有机会成为自己所爱运动中最伟大的球员之一。于是他做出了一个并不让人意外的决定，那就是投身这项运动。他想保持最优秀的身型，想孜孜不倦地打磨技术，想尽可能地延长职业生涯。这一切的目的都在于最大限度地开启自身天赋，毫无保留地兑现全部潜力。

在对待商业问题上，詹姆斯也采用了同样的方式。他想利用自己的名声，想要把控并塑造自己的形象，只要外界对他的需求不止，他就希望能充分发挥自身的优势。不管是为了自己的银行账户，为了子孙的生活，还是为了一个因没有和他互作承诺而可能失学 82 天的四年级孩子，他都希望从商业世界中尽可能多地获取收益。

当詹姆斯的故事结束时，重点不会是他究竟赚了 10 亿美元还是 50 亿美元，而是他在 18 岁、34 岁、80 岁时的人生目标。

“我一直在打破定式，这也是我想做的事，我想继续为下一代人打破定式，”詹姆斯说，“我想要一切。”

致 谢

勒布朗・詹姆斯是历史上最受关注、被描写最多、被讨论最多的运动员之一。他的故事总是在不断发展，部分原因在于他愿意接受职业生涯中的各种转变，这为我提供了大量记录他人生旅程的机会。拥有这样的机会是很幸运的一件事，我会永远珍惜这样的机会。

詹姆斯和他最亲密的朋友、同事已经相处了 20 年之久，这意味着曾几何时，他们也是篮球和商业世界中天真的新人。过去 20 年里，我看着他们成长、克服困难并取得成功，这让人非常兴奋。尽管有着不同的人生轨道，但我和他们经常一路同行。我们经常关注并评判彼此的工作，有时我们绞尽脑汁也不明白对方为什么要那样做。我们的心灵有着无比接近的时刻，也有着无比疏远的时刻。这是一段充满挑战、让人感到充实又满足的旅程。

首先，我要感谢勒布朗·詹姆斯、马弗里克·卡特和里奇·保罗，感谢他们在过去 20 年里允许我走近并了解他们。我还要感谢亚当·门德尔松，在撰写这本书的过程中，他为我提供了各种资源。

感谢阿伦·古德温、史蒂夫·斯托特、克里斯托弗·贝尔曼、马特·鲍威尔、萨姆·肯尼迪、吉姆·格雷、约翰·斯基珀、卢克·伍德、里克·安奎拉、艾伦·卢西、瑞秋·尼克尔斯、Brain Berger、Darren Rovell、Nick Depaula、Jason Lloyd、Dave McMenamin、Joe Vardon、Joe Wile、Tim Bontemps，以及其他众多愿意留出时间为这本书分享各自经历的人。

我要特别感谢 Kevin Arnovitz，作为编辑、同事和朋友，他的聪明才智和创造力，让这本书和多年来我的许多其他作品顺利出版。

没有 ESPN 电视台的 Rob King、Lauren Reynolds、Cristina Daglas 和 Chris Ramsay，这本书便不可能完成。

我还要感谢 Sean Desmond 和他在哈切特图书集团（Hachette Book Group）的团队，以及 Daniel Greenberg 与他在 LGR 版权公司团队的支持。

最后，没有家人，尤其是我妻子 Maureen Fulton 的耐心与支持，这一切就不可能成真。

未来，属于终身学习者

我这辈子遇到的聪明人（来自各行各业的聪明人）没有不每天阅读的——没有，一个都没有。巴菲特读书之多，我读书之多，可能会让你感到吃惊。孩子们都笑话我。他们觉得我是一本长了两条腿的书。

———查理·芒格

互联网改变了信息连接的方式；指数型技术在迅速颠覆着现有的商业世界；人工智能已经开始抢占人类的工作岗位……

未来，到底需要什么样的人才？

改变命运唯一的策略是你要变成终身学习者。未来世界将不再需要单一的技能型人才，而是需要具备完善的知识结构、极强逻辑思考力和高感知力的复合型人才。优秀的人往往通过阅读建立足够强大的抽象思维能力，获得异于众人的思考和整合能力。未来，将属于终身学习者！而阅读必定和终身学习形影不离。

很多人读书，追求的是干货，寻求的是立刻行之有效的解决方案。其实这是一种留在舒适区的阅读方法。在这个充满不确定性的年代，答案不会简单地出现在书里，因为生活根本就没有标准确切的答案，你也不能期望过去的经验能解决未来的问题。

而真正的阅读，应该在书中与智者同行思考，借他们的视角看到世界的多元性，提出比答案更重要的好问题，在不确定的时代中领先起跑。

湛庐阅读App：与最聪明的人共同进化

有人常常把成本支出的焦点放在书价上，把读完一本书当作阅读的终结。其实不然。

时间是读者付出的最大阅读成本

怎么读是读者面临的最大阅读障碍

“读书破万卷”不仅仅在“万”，更重要的是在“破”！

现在，我们构建了全新的“湛庐阅读”App。它将成为你“破万卷”的新居所。在这里：

- 不用考虑读什么，你可以便捷找到纸书、电子书、有声书和各种声音产品；
- 你可以学会怎么读，你将发现集泛读、通读、精读于一体的阅读解决方案；
- 你会与作者、译者、专家、推荐人和阅读教练相遇，他们是优质思想的发源地；
- 你会与优秀的读者和终身学习者为伍，他们对阅读和学习有着持久的热情和源源不绝的内驱力。

从单一到复合，从知道到精通，从理解到创造，湛庐希望建立一个“与最聪明的人共同进化”的社区，成为人类先进思想交汇的聚集地，与你共同迎接未来。

与此同时，我们希望能够重新定义你的学习场景，让你随时随地收获有内容、有价值的思想，通过阅读实现终身学习。这是我们的使命和价值。

图书在版编目（CIP）数据

勒布朗·詹姆斯的商业帝国 /（德）布赖恩·文霍斯特著；傅婧瑛译．—广州：广东经济出版社，2021.4
ISBN 978-7-5454-7726-9

Ⅰ．①勒… Ⅱ．①布… ②傅… Ⅲ．①勒布朗·詹姆斯—商业经营—经验 Ⅳ．①K837.124.7

中国版本图书馆 CIP 数据核字（2021）第 062240 号

上架指导：经营管理 / 商业传记

责任编辑：周炜
责任校对：田艺
责任技编：陆俊帆

版权登记号：19–2021–062

勒布朗·詹姆斯的商业帝国
LEBULANG ZHANMUSI DE SHANGYE DIGUO

出版人	李　鹏
出　版 发　行	广东经济出版社（广州市环市东路水荫路 11 号 11 ～ 12 楼）
经　销	全国新华书店
印　刷	唐山富达印务有限公司
开　本	710 毫米 ×965 毫米　1/16
印　张	17.25（彩插 0.5）
字　数	181 千字
版　次	2021 年 4 月第 1 版
印　次	2021 年 4 月第 1 次
书　号	ISBN 978-7-5454-7726-9
定　价	89.90 元

图书营销中心地址：广州市环市东路水荫路 11 号 11 楼
电话：（020）87393830　邮政编码：510075
如发现印装质量问题，影响阅读，请与本社联系
广东经济出版社常年法律顾问：胡志海律师